おいしい食の流行史

青幻舎

A delicious history of modern Japanese food trends.

阿古真理

おいしい食の流行史

はじめに　食の背後に、時代あり

この本は、二〇二二年九～一一月にNHK文化センター青山教室で講演した「食の流行から見る暮らしの近現代史」をテーマに語った食トレンドの日本史の話を再編集し、加筆修正をしたものです。同時収録して、一〇～一二月にNHKラジオ第二放送の『カルチャーラジオ　歴史再発見』「食の流行から見る暮らしの近現代史」で放送され、ツイッターなどで「語り口のおかげで素直に頭に入ってくる」「自分が体験した時代なのでおもしろい」と話題を呼んだそうです。私はこれまで、外食やパン、家庭料理など、いろいろな食文化とジェンダーについて、歴史やトレンドを書いてきました。この本は、私が生活史研究家として書いてきた本や記事、参考にした本などを土台にしています。最低限の加筆・修正を行いつつ、ラジオ放送回数と同じ一三章に分けて食トレンドの歴史をご紹介していきます。

第一章から第八章までは、幕末の開国期から二〇世紀の終わりまで、洋食や家庭料理などテーマを決めて時代ごとに話を進め、第九章から第一三章は、平成以降の流行の移り変わりをテーマごとにご紹介します。あなたの同時代体験と重なる話もあるかもしれません。あるいは、先輩世代や後輩世代のことが少しわかる場合もあるでしょう。食文化は、もしかすると異なる価値観、多様な生き方をしている私たちを結びつける鍵、と言えるかもしれませんね。

食の流行は、時代を反映します。それは、食が人間の営みの基本になっているからです。当たり前ですが、人は食べなければ生きていけませんし、働くのも基本的に食べるためです。食べることに困る人が多くなり過ぎると、社会も変わらざるを得なくなる。世界史を見てみれば、一八世紀末に起こったフランス革命や、二〇一〇～二〇一二年に起こったアラブの春は、庶民がパンを求めて起こした革命運動でした。日本では、大正時代にコメ騒動が起こったことがきっかけで、平民宰相と呼ばれた原敬が総理大臣になり、中央市場のしくみを整える、住宅政策や労働政策を実施するなど、初めて庶民の暮らしに目を向ける政策を実施しました。また、日中戦争の発端は、冷害に苦しむ東北出身の青年将校たちがテロをくり返したことにある、とも言われています。

このように、食の背景には必ず時代の状況があります。そのときの政治体制、経済的な環境が、食文化に及ぼす影響はとても大きいのです。

海外との交流も、新しい文化を生み出す要因になります。未知の文化が入ってくるからでもありますし、外来の文化に刺激されて、もともとあった文化も形を変えていくことがよくあります。異なる文化が融合し、まったく新しいモノが生み出されることもある。今や国民食となったカレーやラーメンが、外国由来の料理であることは、皆さんご存じだと思います。すっかり日本化した二つの料理は、今では逆に本家の中国や台湾が日本式ラーメンを受け入れ、インド人が日本のカレーをおいしいといって食べるほど外国人にも認められています。二〇一三年に和食がユネスコの無形文化遺産に選ばれた際、多くの人が「カレーやラーメンは、和食に入るのか否か」の話題で盛り上がりました。新しい食文化の中には、流行から生まれて定着するモノもあります。

ただ、食の発祥は記録がなく、定かでないことも多いのです。そのため、新事実が発見されて知られていた歴史が塗り替えられることもあります。この本の内容も、その意味で暫定的な要素が含まれていることをご理解くださいますよう、お願いします。

食トレンドに、メディアが果たす役割も大きい。たとえば、江戸時代の文化は研究している人がたくさんいますし、人気の時代劇が盛んにつくられてきました。現代人が江戸時代を生き生きと描けるのは、南蛮貿易時代に西洋人から活版印刷の技術が伝えられ、出版産業ができたからです。江戸時代にも、レシピ本やグルメ関連のベストセラーがありました。記録があるからこそ、当時の暮らしが見えてきやすいのです。そして、メディアはいつの時代も流行を刺激し、広げていきます。

ですから、この講座で江戸時代をプロローグにし、その後の時代を中心に論じるのは、それが外国との交流が活発になりメディアが発達していく時代だからです。刺激を受けて流行が生まれ、文化は発展していきます。こうした食の文化を、背景にある社会と照らし合わせながらお伝えしましょう。もしかすると見えてくるのは、食のトレンドにとどまらない私たちの生活と密接に結びついた、新しい歴史や社会の姿かもしれません。皆さんも、トレンドの裏側を想像しながら読んでいただけるとうれしいです。

もくじ

第三章
大正時代の「三大洋食ブーム」 51

第四章
戦後～高度経済成長期の「台所革命」 71

第五章
キッチンと料理の関係 89

第六章
一九七〇年代、外食のトレンドと女性たちの変化 109

第七章
一九八〇年代、「エスニック」料理ブーム 129

第八章
デパ地下の誕生と「男女雇用機会均等法第一世代」 149

第九章
平成のスイーツブーム 169

第一〇章

パンブーム～日本人とパンの新しい関係～ 187

第一一章

韓国料理の流行から見えてくるモノ 207

第一二章

「食ドラマ」の変遷に見る時代の変化 227

装画　山村耕華
「踊り　上海ニューカールトン所見」（部分）
一九二四年
東京都江戸東京博物館蔵
（画像提供　東京都江戸東京博物館／
DNPartcom）
装幀　佐々木暁

第一章

幕末と「獣肉食」ブーム

肉食を禁じた近世以前の日本

第一章は近代の夜明けとして、『日本外食全史』(亜紀書房、二〇二一年)で書いたことをベースに、日本が開国したばかりの幕末明治の時期を中心にお伝えます。江戸時代の日本は、オランダと、民間貿易を行った中国、朝鮮、琉球、アイヌ民族としか関係を持たなかったのですが、ヨーロッパについては、オランダ経由で蘭学者が情報を得ていました。有名な『解体新書』も苦心しながら翻訳し、人体の構造を解き明かしていますし、絵画の遠近法なども入ってきています。

幕末期に流行った料理が豚肉食で、豚肉入りの鍋料理が「琉球鍋」と呼ばれていました。「江戸時代は肉食が禁じられていたんじゃないの?」と思った方、鋭いですね。でも実は、肉食はされていたんです。そのあたりはおいおいお伝えしますが、まずは流行の状況について順にご紹介します。

琉球鍋を率先して食べたのは、外国文化に通じた蘭学者や漢学者、儒学者たちです。一八三五（天保五）年、大坂（現在は大阪）の中津藩蔵屋敷で生まれた福沢諭吉は、長崎に遊学して蘭学と砲術を学び、大坂に戻って医師・蘭学者の緒方洪庵が開く適塾へ通っていました。『拙者は食えん！　サムライ洋食事始』（熊田忠雄、新潮社、二〇一一年）によると、肉の味は長崎で覚えた可能性があり、適塾時代は豚肉も牛肉も、塾生たちと一緒に食べに行っていたようです。こうした下地のもとに、福沢諭吉は肉食が解禁されるとすぐ、肉食を奨励することになります。

食べに行っていた、ということは、肉を食べさせる店や肉屋があるということです。ご存じの通り、日本では仏教の禁忌から、飛鳥時代の天武天皇四（六七五）年に出された肉食禁止令以降、肉食がタブーとされていったのですが、タブー意識には濃淡があり、どの時代にもこっそりと食べる人たちはいました。最初に禁止の対象として選ばれたのは、人間にとって身近な鶏（ニワトリ）、牛、馬、犬、猿で、野生のイノシシやシカなどは入っていませんでした。日本の肉食史にくわしい原田信男の『和食とはなにか』（角川ソフィア文庫、二〇一四年）によると、おそらく、肉食を抑制して稲作に励んでもらうための殺生禁止令だったのではないか、とされています。

農業に精を出させるためと考えると、興味深いことがあります。『琉球の風水土』（木崎甲子郎・目崎茂和編著、築地書館、一九八四年）で、琉球王国では、一八世紀の傑出した政治家として有名な蔡温《さいおん》が、魚や貝を捕ることは家業をおろそかにする、と主張したとしています。琉球では養豚を奨励しています。肉食を禁じて魚食に頼った日本人、魚食を制限して肉食を行った琉球、と対照的ですが似た発想のもとに指導しているところがおもしろいですね。

殺生禁止令はたびたび出されていますが、『日本食物史』（江原絢子・石川尚子・東四柳祥子、吉川弘文館、二〇〇九年）は、鎌倉時代も肉を買う人たちがいたことを明らかにしています。そもそも、禁止令がたびたび出ること自体、なかなか守られなかった実態を示しているのではないでしょうか。『戦国、まずい飯！』（黒澤はゆま、インターナショナル新書、二〇二〇年）によると、戦国時代には、南蛮人の宣教師たちから教わり肉を食べた武士たちがいたようで、キリシタン大名として知られる高山右近も、小田原の陣で、陣所に訪ねてきた細川忠《ただ》興《おき》と蒲生《がもう》氏郷《うじさと》に牛肉をふるまっています。その味が気に入った二人は、たびたび右近を訪ねるようになりました。

しかし、『拙者は食えん！』によると、肉食がキリシタンを通じて広まり、統治が難しくなることを恐れた豊臣秀吉と徳川家康は、牛馬の屠畜と肉食を禁止しています。そして江戸幕府は、肉を最下等の食物とみなし、肉を扱う者を士農工商の枠外に追いやって厳しく差別しました。いまだに残る部落差別の始まりは、ここにありました。

「豚一殿」と呼ばれた徳川慶喜

史上最も肉食へのタブー意識が強かった江戸時代にも、医師が薬になると言って奨励したなど、肉食を求める人々はいました。また、『天丼　かつ丼　牛丼　うな丼　親子丼』（飯野亮一、ちくま学芸文庫、二〇一九年）によると、一七世紀終わり頃から始まる元禄時代に、彦根藩の牛肉の味噌漬けが武士の間で評判になっています。彦根藩主の井伊家は、味噌漬けを将軍家や御三家、老中などに献上していたからです。『拙者は食えん！』によると、中でも水戸藩主の徳川斉昭が牛肉好きで、彦根藩主で大老になった井伊直弼《なおすけ》が厳格に牛肉食を禁じて牛肉を贈らなくなってしまったことに怒り、対立するほどだったそうです。そんな井伊直弼が、結局肉食への道を開く日米修好通商条約に調印したのですから、歴史とは皮肉なものですね。しかし、井伊直弼は桜田門外の変で水戸藩士らに暗殺されます。そのことに対し、牛肉を贈らなくなったからだ、という噂がまことしやかに流されていたそうです。

徳川斉昭は、薩摩藩主の島津斉彬《なりあきら》から贈られる黒豚の塩漬け肉も喜んで食べていた人です。徳川斉昭の七男でのちに最後の将軍になる慶喜は、父親に輪をかけた豚肉好きで、家臣から「豚一殿」と呼ばれており、将軍になると、世間の人々から「豚将軍」「豚公方《くぼう》」などと呼ばれたそうです。

今、薩摩藩の黒豚の話が出ましたが、薩摩藩は外様で江戸から遠かったせいか、琉球を支配下に入れていたせいか、肉食の禁忌がありませんでした。日本SPF豚研究会の雑誌『All About Swine』で発表された「江戸時代における豚の飼育と薩摩藩」（井上忠恕、二〇一八年）によると、豚は「歩く野菜」と呼ばれ、自家菜園を持つように自家飼いすることが珍しくないほど親しまれていました。江戸の薩摩藩邸でも豚が飼育されていましたし、『拙者は食えん！』によると、西郷隆盛は大の豚肉好きで、特に脂身を好んでいたと言われています。

薩摩藩で養豚が始まったのは、戦国時代に活躍した島津家久が、侵攻した琉球から移入したことがきっかけです。『琉球の風水土』によると、琉球では一四〜一五世紀から養豚が始まっていて、盛んになったのは一六〇五年に中国からサツマイモがもたらされ、餌が豊富になったことがきっかけなのです。その頃、薩摩にも豚肉が入る。サツマイモも入って、多くの日本の人たちを飢えから救うようになります。養豚は中国からもたらされました。中国は豚肉食が盛んですが、日本の豚肉料理は中国と沖縄から学んだものがベースになって、始まっているのです。

少し話が飛びますが、『オムライスの秘密　メロンパンの謎』（澁川祐子、新潮文庫、二〇一七年）によると、大正時代に『田中式豚肉調理二百種』（中村木公編、博文館、一九一三年）、『田中式豚肉料理』（玄文社出版部、一九一九年）という二冊の豚肉レシピ本を出した人がいました。著者は東京帝国大学教授の田中宏で、豚の解剖学の権威でした。レシピを考案するにあたり、田中教授が参考にしたのは、沖縄や中国の豚肉食文化です。これらの本がきっかけで定着した料理の代表が、豚のショウガ焼きでした。

最初の話に戻すと、沖縄の豚肉食が有名だったからこそ、豚肉の鍋を、幕末の人たちは琉球鍋と呼んだのですね。豚は、江戸時代の日本でも、医師の解剖研究のためや、どぶの汚れや台所から出る汚水処理のためなどの理由で飼われていました。時代劇には出てきませんが、実際の江戸の町では、人々は豚とともに暮らしていたのでしょう。

外食店が江戸・京都・大坂で誕生しふえていったのは、江戸時代後期でした。外食店で流行った鍋の最初は、鳥を食べさせる店のものです。鳥と言っても鶏ではなく、がん鍋屋、しゃも鍋屋などです。特に繁盛したのががん鍋屋でした。

表立って肉食が禁じられたとしても、人はタンパク質を摂らなければ生きていけません。大豆は親しまれていましたが、それだけでは足りなかったのでしょう。人々は野鳥を好んで食べていました。しかし、『天丼　かつ丼　牛丼　うな丼　親子丼』によると、徳川吉宗が一七一八（享保三）年に鳥肉食を限定するお触れを出していて、ニワトリの肉を食べる習慣が広まっていきます。野鳥を乱獲し過ぎたのです。

『やきとりと日本人』（土田美登世、光文社新書、二〇一四年）によると、ニワトリの鶏鍋が流行ったのは一八〇四（文化元）年以降で、京都や大坂では「かしわ」と呼んでネギ鍋として食べ、江戸では「しゃも」と呼んで同じような食べ方をしていたそうです。江戸時代には卵料理が人気になったので、採卵用の鶏を廃鶏にする際に食べるようになりました。何年も生きたので固くなった肉を柔らかくするため鍋料理にしたのでしょう。室町時代まで、日本では卵を食べる習慣がありませんでした。しかし、南蛮人たちが食べているのを見て、やがて食べるようになったようで、宣教師のルイス・フロイスがそのさまを記録しています。

東京の人形町にある親子丼の店、「玉ひで」は創業が一七六〇（宝暦一〇）年、当初はシャモ料理の店だったそうです。両国の「かど家」（二〇一八年閉店）は一八六二（文久二）年、京都・木屋町の「鳥彌三《とりやさ》」は、一七八八（天明八）年創業です。

明治の人々の心も縛った肉食のタブー

今は「ジビエ」と呼ばれる、野生獣のシカやイノシシを出す店も江戸にはありました。今でもイノシシ鍋は「牡丹鍋」と呼びますよね。シカ肉は「紅葉《もみじ》」です。獣肉を「山クジラ」と呼び、獣肉食の店は「山奥屋」、「ももんじ屋」と呼びました。江戸時代の人々は、獣肉を食べることを「薬喰《くすりぐ》い」と称していました。栄養補給や体を温める目的があったからです。『居酒屋の誕生』（飯野亮一、ちくま学芸文庫、二〇一四年）によると、一八世紀前半には麹町に常設の獣肉食店ができていたそうです。麹町は、甲州街道に直結した四谷が近いため、猟師たちが八王子や甲府から獣肉を売りに来るのに便利な場所だったのです。

明治時代になると、ようやく牛肉の流行が始まります。ご存じ、文明開化の牛鍋屋です。明治天皇が肉食再開宣言を行ったのは、一八七一（明治四）年一二月です。その年、「牛鍋喰わねば開けぬやつ」と挑発する仮名垣魯文の小説『安愚楽《あぐら》鍋　牛店《うしや》雑談《ぞうだん》』（誠至堂）が出たことはよく知られています。

歌川広重「名所江戸百景 びくにはし雪中」一八五八（安政五）年（味の素食の文化センター所蔵）

明治天皇が肉食再開を宣言したのは、西洋

人たちと会食をする必要ができて、肉食を避けていたら不便になってしまったことが要因です。

こうした長い助走があって、人々は大っぴらに肉食を始めるのですが、まじめに肉食禁止の習慣を守ってきた人たちほど、肉食へのタブー意識が抜けにくかったようです。『拙者は食えん！』によると、戦国時代の天正遣欧使節団の少年たちは、一年八カ月ものヨーロッパ滞在中、肉料理には関心を示さず、ひたすら野菜や果物を食べていたそうです。しかし、幕末明治の開国期に欧米へ渡った武士たちは違いました。日米修好通商条約の批准書を交換するため、咸臨丸《かんりんまる》でアメリカへ渡った武士たちのうち、斎藤留蔵は、油で揚げた豚肉を食べ、おいしかったと日記に書いています。また、サンフランシスコ到着後の使節団のメンバーが、気味悪がりながらも肉をよく食べていた様子を地元の新聞が報じています。

こうした態度の違いは、時代の変化と言ってしまえばかんたんですが、幕末期の武士たちには、これから諸外国とつき合っていかなければならない、という新しい時代へ向けての自負があったのではないかと推察します。

明治の人たちが残した記録を読むと市井の人々の肉食への恐れがうかがえます。

小説家の内田百閒《ひゃっけん》は、一八八九（明治二二）年生まれです。彼が書いたエッセイ「薬喰」

（『御馳走帖』中公文庫、一九七九年）によると、造り酒屋で育った少年時代、酒蔵が穢《けが》れるから、と家では牛肉を食べさせてもらえなかったそうです。しかし、すでに時代は明治。学校の友達からおいしいとは聞いていて、憧れていたようです。あるとき、母に連れられて行った親戚の家で初めて牛肉をいただき、とてもおいしかった思い出を書いています。

その話には続きがあります。牛肉を食べたことが家の人たちにバレては大変、と母が彼にミカンを食べさせ、酒を含ませうがいをさせてから、息を吹きかけて匂いがないことを確かめて、ようやく家に帰ったのだそうです。

また、元長岡藩の家老の家で、明治初めの一八七三（明治六）年に生まれた杉本鉞子《えつこ》は、学校から帰ってくると、家が重苦しい雰囲気に包まれていた日の思い出を『武士の娘』（大岩美代訳、ちくま文庫、一九九四年）で綴っています。女中たちが不幸があるとき以外は開け放ってある仏壇の扉に、目張りをしていました。祖母に聞くと、父が牛肉を食べようと言い出したからだと告げられます。それは、身体を強くできる、と医師にすすめられたことが原因でした。祖母はその食事の席には同席しませんでした。肉はおいしかったけれど、祖母が食べなかったことが心に引っかかり、人に言うことはできなかったそうです。

近代肉食文化のあけぼの

明治時代になると、日本でも畜産業が発達していきます。その先駆者の一人が、中川嘉兵衛です。『天丼　かつ丼　牛丼　うな丼　親子丼』によると、この人は現在の愛知県岡崎市の出身で、外国人相手の商売をしようと横浜にやってきます。まず牛乳の需要がふえるとみて、一八六五（慶応元）年に横浜に搾乳場を設けて外国人に売る商売を始めますが、翌年火災ですべて焼失。今度は食料品店を始めて、パンやビスケットを売り、その次に目をつけたのが、牛肉でした。一八六七（慶応三）年に東京・泉岳寺にあったイギリス公使館近くで牛肉店を開きます。

開業に先立って、今里と呼ばれていた白金台に、江戸で初めての屠畜場を開きます。しかし明治政府が一八六九（明治二）年に牛馬会社を興して私設の屠場を廃止させてしまいました。『横浜もののはじめ物語』（斎藤多喜夫、有隣新書、二〇一七年）によると、横浜では一八六〇（万延元）年に、アイスラー＆マーティンデル商会が食肉業を始めていますし、一八六五年には横浜北方村小港に日本初の公設屠牛場が設立されていました。

中川は、一八六八年頃には牛鍋屋「中川屋」を開いています。明治天皇が肉食再開を宣言する前、すでに牛肉食は広がり始めていたのです。まもなく、神楽坂や蛎殻町《かきがらちょう》、小伝馬町などに牛鍋屋ができていきます。一八七五（明治八）年には、五八軒もの牛鍋屋が東京にあったそうで、流行がいかに早く伝わったのかよくわかります。

幕末に琉球鍋が流行ったのち、実は豚肉食はなかなか広がりませんでした。今はカツの代表として知られるとんかつも、現在の形になったのは二〇世紀初め。それまでは、カツと言えば牛か鶏でした。神戸の牛カツは有名ですが、関西では「肉」と言えば牛肉と思われるほど身近なので、もしかするとそうした初期のカツが残ったのかもしれません。最近、少し流行していますが、明治時代はチキンカツも人気でした。

豚肉が敬遠されたのは、豚の餌が残飯中心で不浄感があるように思われていたこと、脂分が強いことがネックだったからです。しかし、『オムライスの秘密　メロンパンの謎』によると、一九〇四（明治三七）年に始まった日露戦争で、軍隊が牛肉を大量に必要としたことから市場に出る量が不足し、豚肉が脚光を浴びました。一九〇〇年、富国強兵政策の一環として政府が養豚事業に力を入れ、豚肉の供給体制は整い始めていました。広島県の七塚原に種畜牧場を設置し、肉の味をよくし生産性を上げるために、ヨークシャー種やバークシャー種をイギリスから導入するなどしています。繁殖させた豚は、民間に払い下げられました。

豚肉が食べられるようになったのは、中国へ行った人がふえ始めてきたことも影響したかもしれません。日清日露の戦場は中国でしたし、商用で中国へ行く人たちもいました。世代交代もあるでしょう。この頃、明治初期にくさいと嫌われたバターを嫌がらない人たちもふえてくるなど、嗜好も変化していました。

その後とんかつの時代が始まるのですが、それは第三章でくわしくお話ししましょう。

鶏鍋ブームと飲食店の歴史

鶏肉については、明治時代に再び鶏鍋ブームがやってきます。原料を提供する養鶏業の中心にいたのは、失業した元武士たちです。『やきとりと日本人』によれば、吉宗に奨励され、下級武士たちが家計の足しに、採卵用の養鶏を始めていた下地がありました。

養鶏に関わった代表的な元武士といえば、名古屋コーチンを作出した海部兄弟です。海部と言われて海部俊樹元首相を思い出す人もいるかもしれません。『朝日文左衛門の食卓』（大下武、ゆいぽおと、二〇二一年）によると、海部元首相は、海部兄弟の姉のひ孫にあたります。『名古屋コーチン作出物語』（入谷哲夫、マイタウン、二〇〇〇年）によると、兄は壮平、弟は正秀と言います。海部家は、尾張藩の砲術指南役の家柄でした。二人がそれぞれ養鶏を始めたのは明治初期。江戸時代の終わり頃になると、武士たちも生活が厳しくなっていたため、弟の正秀が婿養子になった家で養鶏を始めて成功し、兄もそれに続くのです。二人が多産で体が強く性格が穏やかな中国のバフコーチンと地鶏を交配させて新品種をつくったのが、一八八三（明治一六）年でした。

鶏鍋に話を戻すと、明治の前半は牛鍋の影響もあったのか、醤油ダレの鶏のすき焼きが流行しました。しかし、明治末期には博多で水炊きが誕生します。福岡市の「水月《すいげつ》」創業者の林田平三郎は、長崎生まれで、香港に渡ってイギリス人家庭に住み込んで料理を学びました。西洋料理のコンソメと中国料理の鶏を炊き込む技術を融合し、一九〇五（明治三八）年に博多水炊きを生み出したのです。

鶏鍋は高価だったため、庶民はやきとりを愛しました。やきとりは江戸時代からあり、神社の参道でスズメなどのやきとりが売られていたそうです。特に有名だったのは、京都の伏見稲荷、江戸・雑司《ぞうし》が谷《や》の鬼子母神のモノでした。やきとりは必ずしも鶏肉を使うわけではありません。現在でも、焼きトンと言ったほうが的確な、豚肉を串にさして焼いたモノを、やきとりと呼ぶ文化もあります。『やきとりと日本人』によると、明治期には牛や豚、鶏のモツをやきとりと称して売っており、車夫などの貧しい人たちが食べる店が、モツを使ったやきとりを売っていたそうです。店によっては馬肉や犬肉も使っていたとかで、明治末期に東京で焼き鳥店が急増したという記録もあります。

昭和の初めになると、高級やきとり店も登場しており、流行が進んでいくと高級感を売りにする店が出てくるのは、現在と同じです。そうした多様化が進む流行は、この講座の後半にお伝えしますが、すでに明治から昭和初期の二〇世紀前半に、そうした広がり方が発生していたのは、もしかすると、それが流行が広がる必然なのかもしれません。

ちなみに、食の流行は外食店の登場と関連があります。店は客が大勢来てよく売れなければ成立しないからです。一方、家庭の中の流行食が見えるようになるには、家庭料理がメディア化する必要があります。日本においては、ラジオやテレビでレシピが紹介され、やがてインターネット時代が到来して、家庭の食がメディアを介して変化していくさまが見えるようになっていきます。

外食店の歴史をかんたんにご紹介します。まず、『居酒屋の誕生』に、街道沿いの茶屋は人々の往来が活発になった室町時代後期に定着していたとあります。『日本食物史』『和食とはなにか』によると、寺院の近くなど大都市の繁華街で茶屋が誕生するのは江戸時代になってからで、都市化の進展を表すように、だんだん都心から周囲へと広がっていきます。

都市に常設の料理屋ができた最初は大坂で、一七世紀末頃にできた「浮瀬《うかむせ》」がその店です。『大阪食文化大全』（浪速魚菜の会・笹井良隆編著、西日本出版社、二〇一〇年）によると、巨大アワビの貝杯「浮瀬」で酒を飲み干せば記帳できた、という遊び心で知られ、松尾芭蕉などの文人が訪れ、十返舎一九の『東海道中膝栗毛』でも書かれた有名店だったようです。その頃、京都の老舗として有名な「瓢亭《ひょうてい》」は、まだ茶屋でした。江戸で本格的な料理屋ができるのは、一八世紀半ばの宝暦年間から明和年間にかけてです。大坂は天下の台所として町人文化が栄えた都市だったので、商談をするなど人の交流をする場所がいち早く求められたのかもしれません。

江戸の高級店として有名な「八百善」は、一八世紀初頭に生まれています。『和食とはなにか』によると、八百善四代目栗山善四郎は一八二二（文政五）年に『江戸流行料理通』を出していますが、その版元は甘泉堂の和泉屋市兵衛です。甘泉堂は、料理関連の本をいくつもヒットさせています。レシピはもちろん、模型がつくれる「起こし絵」と呼ばれる出版物までつくりました。

一八〇四年から一八一八年の文化年間および一八

八百善の客への土産として進呈されていた起こし絵（戸栗美術館提供）

一八年から一八三〇年の文政年間は、合わせて化政期と呼ばれる江戸文化の爛熟時代です。伊能忠敬が日本地図をつくり、シーボルトの鳴滝塾ができ、十返舎一九が滑稽本をつくり、小林一茶が活躍した時代でした。

この頃はレシピ本の流行もあり、『豆腐百珍』という、豆腐レシピを大量にのせた本が一七八二（天明二）年に刊行されて大ヒットしたことから、「百珍もの」と言われる、卵や大根などを題材にした本が続々と出ていました。とはいえ、当時の本は歴史学などでは「レシピ本」ではなく「料理本」と呼ばれます。なぜなら、現代のレシピ本のように分量とプロセスを細かくていねいに書いた実用書ではなく、どちらかといえば読みものとして楽しめる本だったからです。つくり手も読み手も、男性でした。

ちなみに、ミシュランガイドより一世紀以上早く一八世紀後半には、料理屋番付が発行されていました。それは、番付をつけられるほどたくさんの料理屋が、江戸の町に存在していたからです。食がブームになるには、巷で店がふえて流行する料理があるだけではなく、それを広めるメディアの存在が大きいです。流行を記録し、広げる役割を受け持つからです。

その意味で、流行は江戸に始まり令和に至るわけです。

第二章

あんパンに始まる、日本の菓子パン・総菜パン

日本最初のパン屋

開国してから一四年、元号は明治になり、日本は武士の封建国家から近代国家への道を歩き出しました。西洋諸国から、さまざまな新しい技術を学び社会体制を整えていった日本は、西洋人とつき合うため、西洋料理も採り入れようとしていました。前章でお話しした、肉屋を開いた中川嘉兵衛のように、目先の利く人々は横浜などの都会に出て、西洋の食材や食品で商売を始めていました。

パンも、この頃西洋から採り入れられた食品の一つです。パンの日本史については、『なぜ日本のフランスパンは世界一になったのか　パンと日本人の１５０年』（ＮＨＫ出版新書、二〇一六年）で書いたことをベースにお伝えします。

日本最初のパン屋は横浜開港の翌年、一八六〇（万延元）年に横浜運上所近くで開業した内海兵吉の店です。『ヨコハマ洋食文化事始め』（草間俊郎、雄山閣、一九九九年）によると、どうも見よう見まねでつくったようで、最初はまんじゅうのようなパンだったと言われています。内海は本牧の出身なので、横浜は地元です。彼が狙った客は、もちろん外国人です。その後、息子の角蔵が県庁前に進出して、「富田屋」の屋号で海軍や病院、船会社などにパンを売っていたそうです。『横浜もののはじめ物語』によると、内海はもともとまんじゅう屋で、パン屋は一九六五（昭和四〇）年まで続いたそうです。

　内海に続いて外国人たちも、横浜でパン屋を開いていきます。パンの日本史研究第一人者だった安達巌が編集した『パンの明治百年史』（パンの明治百年史刊行会、一九七〇年）によると、開港期には横浜に、四軒ほど外国人によるパン屋があったそうです。その中で最も成功したのが、イギリス人のロバート・クラークが山下町に開いたとされる「ヨコハマベーカリー」です。開業時期は幕末期らしいのですが、明確には記録が残っていません。ともかく、明治になる頃には定着していた店を、なんと日本人が引き継ぎました。それは、クラークの弟子の打木彦太郎で、元町商店街の

芳員「亜墨利加人之図パン製ノカマト」一八六一（文久元）年（横浜開港資料館所蔵）

一角に現存する、「ウチキパン」がその店です。店の看板商品は、ビール酵母のホップだねでつくった食パン。テレビなどで何度も紹介されているので、ご存じの方もいるかもしれません。

この時代、西洋人はアジア人を差別していました。産業発展が遅れた国である日本も、もちろん差別の対象。不平等条約を変えるため、日本が西洋に追いつけ追い越せと、富国強兵に走っていったことは、皆さんも学生時代に習ったと思います。それでも個人的な信頼関係ができれば人間は変わる。クラークが日本人の弟子を信用して店を譲ったのは、それだけ打木の技術が優れ、そして熱心に仕事をしていたからだと考えられます。

打木は横浜の大地主の一族でしたが、激動の時代に乗り遅れないようにと、一八七八（明治一一）年に一四歳でヨコハマベーカリーに入って修業を始めていました。

ホテルの始まりとパン

西洋人が開いたパン屋で、日本人に技術を伝えたといえば、フランスパンがあります。その話にはホテルの誕生が関係しています。外国人とつき合うようになると、来日する外国人たちが泊まる場所が必要になります。二度の東京オリンピックでも、大勢の外国人を迎えるホテル開業ラッシュが起きました。開国期の日本はもっと切実でした。何しろ、伝統的な日本の宿屋は畳敷きで、靴を履いて椅子を使う西洋人たちはくつろげません。外国人向けのホテルの開業は、急務だったのです。開港地の横浜では、次々とホテルができていきましたが、それらは西洋人がつくったものでした。最初にできたのは、一八六〇年に元船長のオランダ人がつくったヨコハマホテルとされています。

居留地ができた江戸・築地でも、ホテルは必要とされていました。『「築地ホテル館」物語』（永宮和、原書房、二〇二一年）によると、ホテルが何だかわかっていない幕府の役人たちは、イギリスのハリー・パークス公使に要求されたホテル建設のため、翻弄されることになります。そのとき、力を発揮したのが勘定奉行の小栗上野介忠順《おぐりこうずけのすけただまさ》です。小栗は一八六〇年の遣米使節に加わっていたので、ホテルがどういう施設なのか知っていました。建設に携わったのは、清水建設の基礎をつくった宮大工棟梁の清水喜助（二代目）です。イギリスからは半年という無茶なスケジュールを要

築地ホテル館（清水建設提供）

求されましたが、実際にはスピード工事でも一年かかり、慶応四年、つまり一八六八年の八月に竣工しました。客室一〇二室を擁する築地ホテル館です。

しかし、翌月に元号は明治となりました。このホテルの料理長として招かれたフランス人のルイ・ベギューは、のちに神戸のオリエンタルホテルへ移り、日本における「フランス料理の祖」と呼ばれるようになります。

苦労して建てたホテルだったのに、一八七二（明治五）年に丸の内～銀座～築地を襲った銀座大火により焼失してしまいます。その頃できていた精養軒ホテルが、パンの歴史と関係があります。精養軒は、『西洋料理人物語』（中村雄昂、築地書館、一九八五年）によると、岩倉具視の側用人として京都から東京にきた元仏光寺の寺侍、北村重威《しげたけ》が開きました。外国人が安心して使えるホテルが、築地ホテル館しかないことを国辱と考えたからです。政財界人たちの支援を受け、精養軒は誕生しました。

フランス料理が看板のホテルの初代料理長は、フランスで修業したスイス人のカール・ヘス。鉄道事故で片腕をなくしたものの、立派に料理長を務めます。しかし、開業したその日にホテルは銀座大火で焼失。北村はすぐに出資金を集めて再建します。さらに一八七六年には大久保利通、岩倉具視のすすめで、上野公園の開設に際して上野支店を設けました。これが現在も営業を続ける上野精養軒です。築地精養軒は、その後関東大震災で倒壊して今度は再建できなかったので、もしこの上野支店がなければ、精養軒も伝説の過去になってしまっていたかもしれません。

精養軒のヘスの下で、日本人料理人として初めてフランス修業に出た西尾益吉など、日本の西洋料理史を支えた料理人が輩出されていきます。

さて、パンの話です。築地精養軒が再建されるのは一八七三年です。カール・ヘスはその翌年、築地に「チャリ舎」という日本で最初の本格的なフランスパンを出すパン屋も開きます。パン職人としての腕もよかったからです。彼は日本人女性と結婚し、多くの弟子を育てています。周りの人たちからは、英語名のチャーリー・ヘスから「チャリヘス」と呼ばれて親しまれました。そして、築地精養軒が再建すると、こちらでも料理長として復帰し、二足の草鞋《わらじ》を履いて活躍するのです。

ヘスのもとで育ったパン職人は大勢いますが、その一人の石崎元次郎は、新宿中村屋に雇われました。一九二三（大正一二）年の関東大震災直後に三越が新宿に進出し、脅威を感じた新宿中村屋がテコ入れしようとしたからです。

ヘスは一八九七（明治三〇）年に五九歳で亡くなりますが、チャリ舎は弟子が引き継いで、昭和初期まで京橋で営業を続けたそうです。

日本人向けの最初のパン屋

このように、日本のパンの黎明期は、西洋人たちが活躍しています。そんな中、外国人に学ばず日本人だけでつくって長く繁栄した最初の店が、銀座で店を構える「銀座木村屋」です。やっとタイトルのあんパンにつながってきました。木村屋といえばあんパン。あんパンが誕生するまで、木村屋は食事パンをつくる店でした。

『銀座木村屋あんパン物語』（大山真人《まひと》、平凡社新書、二〇〇一年）によると、銀座木村屋を開いた木村安兵衛は一八一七（文化一四）年、常陸国の田宮村、現在の茨城県牛久市で生まれました。武士の長岡又兵衛の次男で、下総の国、現在の茨城県龍ケ崎市の木村安兵衛の長女、ぶんと結婚して婿養子となります。舅の名前を継いだのですね。江戸へ出て、紀州家の蔵を管理するお蔵番になりますが、明治維新の頃は失業武士の職安「東京府授産所」で事務の仕事をしていました。授産所でパンの技術も教えていたのを見て、パン屋を志すのです。それは木村が、長崎の出島にあるオランダ屋敷で、「コックとして雇われていたから「パンをつくれる」と自称する梅吉と会ったからです。

パンといえば長崎がありました。ご存じのように、長崎は鎖国時代に唯一の対外窓口でオランダ人や中国人が住んでいました。オランダ人の住まいは出島に限定され、そこでは牛や豚などを飼って西洋料理がつくられていました。パンも当然つくられていたはずで、通訳兼商務官の長崎通詞《つうじ》などオランダ人と交流する日本人たちも、パンを食べたのではないでしょうか。

『長崎の西洋料理』（越中哲也、第一法規出版、一九八二年）によると、鎖国前の一六一五（慶長二〇）年、平戸のイギリス商館長のコックスの日記に、「パン製造人」という記述が出てきます。長崎には日本人のパン職人がいたのです。商館ではパンが常食され、そのパンを日本人たちが製造していました。オランダ商館でも、日本人が焼いたパンを食べていました。他の職業と同じように、江戸時代はパン屋も世襲制です。長崎にはパン屋がありましたが、それは一軒だけでオランダ屋敷に納品するほかは販売が許されていませんでした。ですので、一般の長崎市民がパンを食べることはなかったのです。そのパン屋が開国後、どうなったのかは、記録が残っていません。

西洋人とかかわりが深い長崎でパンをつくっていたといえば、当然信用したくなりますよね。ところが、梅吉はパンづくりがヘタでした。木村は、一八六九（明治二）年に旅人が多く行きかう芝日蔭町、現在の新橋駅あたりに「文英堂」としてパン屋を開くのですが、新橋一帯を襲った大火に巻き込まれて翌年、京橋区尾張町に店を再建します。現在の場所に移ったのは、一八七四（明治七）年です。

大火で店舗が焼失したときに、安兵衛は梅吉を解雇しています。彼のパン技術が低いことが判明したのは、店を実質的に任されていた次男の英三郎が、梅吉のパンが横浜の外国人居留地で食べたパンにほど遠いことに気づいたからです。英三郎は、居留地のパン屋で働いていた武島勝蔵を新たに雇い入れてパンを製造販売していきます。

パンの技術が確かな職人を雇ったのに、木村屋のパンはちっとも売れませんでした。また、パンをつくるのに不可欠な酵母が、銀座では入手しにくかったことも問題でした。横浜には、ビール酵母があったのです。横浜では一八七〇年に、アメリカ人のウイリアム・コープランドが日本初のビール工場をつくっていたからです。この工場、スプリングバレー・ブルワリーはその後、キリンに引き継がれキリンビールの工場になります。木村親子が使ったのは、酵母ではなく、日本酒の麹菌でした。そして独特の香りを持つ木村屋のパンが売られていきます。

築地居留地がなくなった後の銀座は、外国人が少ない町でした。日本人になじみがないパンは、なかなか売れません。そこで親子が苦心惨憺《さんたん》して、まんじゅうをヒントに生み出したのがあんパンでした。具材をパンで包む、というこの発想が日本に新しいパンの文化を生み出していきます。

あんパンブーム

あんパンが売れ始めたきっかけは、ある仕掛けをしたことでした。仕掛け人は、店に出入りしていた道場主で、幕臣だった山岡鉄舟です。江戸城無血開城は勝海舟と西郷隆盛の会見で決まったとされていますが、『銀座木村屋あんパン物語』によると、その陰には徳川慶喜の命を受けた鉄舟が、西郷に江戸を攻撃しないよう直談判をしたことがあったそうです。

そんな明治維新の陰の立役者の一人、鉄舟は明治に入って駿河、遠江、三河を行き来し、駿河から静岡になった藩の財政の立て直しに奔走します。その後立場がいろいろ変わり、一八七二(明治五)年に宮内省侍従番長になります。鉄舟のもとにはいろいろな人が出入りしますが、その中に木村親子もいたようです。人のために尽くす鉄舟は、明治天皇にもかわいがられていました。

鉄舟が仕掛けて、天皇が一八七五年四月四日、向島の水戸藩下屋敷を訪ねた折、桜の花の塩漬けを埋め込んだあんパンを献上し、天皇も皇后もその味を気に入ったそうです。宮中へは、京都からお供してきた菓子屋が仕えていて、新しいお菓子を差し上げることは困難でしたが、鉄舟が天皇の外出先で出す方法を考え、この日の献上が成立したのです。

その事実が広まり、東京で木村屋のあんパンが大流行するのです。ちなみに鉄舟は倒幕後、駿河に引っ込んでいた徳川慶喜にもあんパンを届け、気に入られたとのこと。

あんパンはその後、多くの人々に愛されました。結核の闘病中の正岡子規も、あんパンを好んで食べています。森鷗外も、木村屋のあんパンのファンだったそうです。

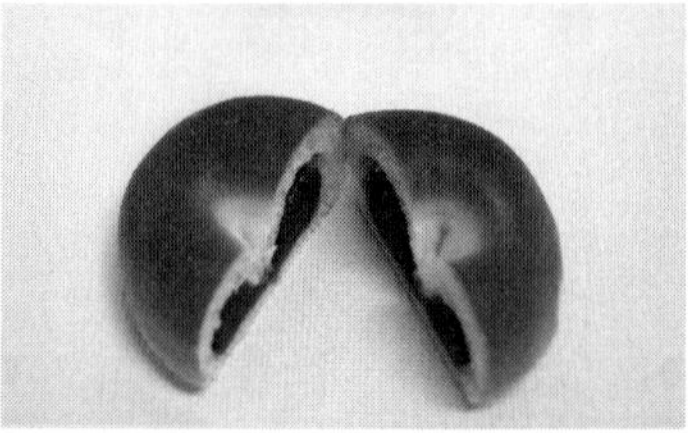

銀座木村屋のあんぱん（著者撮影）

ジャムパンとクリームパン

あんパンの次に誕生した菓子パンは、ジャムパンです。最近は置いていないパン屋がふえた一方で、ジャムパン専門店ができて人気になるなど、新しい可能性も見えてきました。ジャムパンを生み出したのも、銀座木村屋です。

時代は進んで、一九〇〇（明治三三）年。日清戦争と日露戦争の間です。戦場へ持っていく食べものを研究するため、陸・海軍省の打診をきっかけに東京の主なパン屋が集まり、ビスケットをつくる東洋製菓という会社を立ち上げました。日清戦争でご飯を炊くために陸軍が戦場で火を使い、居場所を知られて集中砲火を浴びた経験があったからです。ビスケットは戊辰戦争の折、凮月堂（現上野凮月堂）が薩摩藩に納入した実績があります。

東洋製菓の工場でビスケットにジャムを挟む工程を眺めていた、銀座木村屋三代目の木村儀四郎は、あんこの替わりにジャムをパンに挟んでみたらどうかと思いつきました。そこで、当時ポピュラーだった杏ジャムを挟んで店で販売したところ、予想以上のヒットになって全国に広がりました。今はジャムの代表と言えばイチゴですが、当時、イチゴはまだ高級品でジャムにするどころか、庶民が気軽に口にできる果物ではありませんでした。

次に生まれた菓子パンは、クリームパン。今も根強い人気を誇ります。こちらを考案したのは、新宿中村屋の創業者、相馬愛蔵。一九〇四（明治三七）年のことです。

相馬愛蔵は、現在の長野県安曇野市の出身。仙台生まれの星良《ほしりょう》と結婚し、本郷でパン屋を始めました。中村屋という名前のパン屋を買い取って始めたので、「中村屋」という店名にしたのです。

相馬夫妻は、いわゆるインテリでした。愛蔵は東京専門学校、現在の早稲田大学の出身。良は『新宿中村屋　相馬黒光』（宇佐美承、集英社、一九九七年）によると、よりよい教育を求めて宮城女学校からフェリス和英女学校（現在のフェリス女学院）、明治女学校と転校しながら学んだ女性で、「黒光《こっこう》」のペンネームで活躍する随筆家でもあります。高等教育を受けてパン屋を開く人は珍しかったこともあり、店はやがて文化人が集まるサロンのようになります。荻原碌山《ろくざん》、高村光太郎、松井須磨子など、そうそうたる人たちが集まっています。

夫婦はもともと、本郷でヨーロッパのようなカフェを開こうと考えていました。この少し後になると、お酒や洋食も出すカフェができ始めます。一九一一（明治四四）年には、銀座で「カフェー・プランタン」や「カフェーパウリスタ」、「カフェー・ライオン」（現在の「ライオン　銀座五丁目店」）が次々と開業して、文化人が集う場所になります。もしかすると、二人は最初からサロンをつくりたかったのかもしれません。しかし、近所に当時流行していた、喫茶店の原型になるミルクホールができて、カフェは断念したのです。結局はパン屋がサロンになったので、目的は達せられたと言えるでしょう。

パン屋を選んだのは、パン食を試したら案外飽きずに続けられるし、煮炊きもいらず、突然の来客にもすぐ出せる便利な食事になる、これからはもっと売れるだろうと見込んだからです。

税務署から目をつけられ、もっと売り上げを伸ばさなければ、と発展し始めていた新宿に移転。「新宿中村屋」を名乗るようになります。やがて、インド独立運動家のラス・ビハリ・ボースをかくまう、ロシアの詩人、ワシリー・エロシェンコが身を寄せるなど、店は歴史の舞台になっていきます。

愛蔵がクリームパンを思いついたのは、シュークリームを食べたところ、とてもおいしかったからです。しかし当時のシュークリームは高級品で、庶民が気軽に食べられるものではありませんでした。牛乳と卵を使った栄養価の高いカスタードクリームを、パンに包んでみたら、あんパンより一ランク上の人気商品になるのではないかと考えたのです。

このように、明治の終わり頃になると、菓子パン文化はすっかり定着し、洋菓子にヒントを得た新しいパンが誕生していくのです。実は明治初期、洋菓子は日本人から嫌われていました。というのは、洋菓子は基本的にバターを使います。このバターの香りが、乳製品に慣れていなかった日本人には「くさい」と感じられたからです。昭和の頃、彫りの深い日本人離れした顔が「バタくさい」と言われましたが、それは実際にバターがくさいと思われてきた史実から来ているのです。

しかし世代が交代し、日本人は西洋の食文化にも慣れて変わっていきます。一八七二（明治五）年に凮月堂の本店からのれん分けされた、現在の「東京凮月堂」も創業者はバターが苦手でしたが、子どもたちがバタくさいビスケットを喜んで食べるさまをみて、これからは洋菓子の時代だ、と洋菓子に力を入れていくようになりました。世の中がどんどん変化する時代、世代が変わると味覚も変わっていくのです。

メロンパンの謎

一つ、定番の菓子パンながら、発祥が定かでないものがあります。メロンパンです。メロンパンの謎を追った『メロンパンの真実』（東嶋和子、講談社文庫、二〇〇七年）が、誕生した時期はどうやら大正時代だったことまで突き止めていますが、どこの誰がどのようにして開発したのかはわからなかったそうです。「はじめに」でも書きましたが、食べものの発祥やルーツについては、実はわからないことがたくさんあります。それは、食べものは歴史の中であまり重要な存在とされていなかったからです。特に庶民の食べものは、公的な記録が残されていないことが多いのです。飲食店や食品メーカーも、生まれては消えていきますし、書類もメニューも残っていないモノが少なくありません。町のパン屋が開発したとして、その店が激動の時代の中で消えていった場合、何も残っていないのはしかたありません。第二次世界大戦中は、主要穀物を扱う店は統制下におかれたためなくなってしまった店も多いのです。

同書によると、メロンパンに関してはドイツ菓子説、アメリカ大陸に渡った移民が持ち帰ったという説、日本人が生み出したという説の三つがあるそうです。ドイツ菓子は、いかにもありそうです。大正時代には第一次世界大戦があり、敵国だったドイツ人の俘虜《ふりょ》収容所が各地にありました。俘虜の一人、ハインリッヒ・フロインドリーブは敷島製パンの創業を手伝い、その後神戸に移って店を開きました。その店、フロインドリーブは、一九七七（昭和五二）年度放送の朝の連続テレビ小説『風見鶏』（ＮＨＫ）のモデルにもなりました。カール・ユーハイムは日本にバウムクーヘンをもたらした、ユーハイムの創業者です。ドイツ人がこの頃、日本のパン・菓子に大きな影響を与えたことは確かです。

日本人が創意工夫を発揮し、発案したというのもありそうです。パンの上にクッキーをかぶせ、メロンの形にするなんて、あんパンやクリームパンを考案した日本人なら考えつくかもしれません。

でも、私は移民説を取ります。というのは、同書も紹介していますが、メロンパンとそっくりな菓子パンがメキシコにあるからです。メキシコのそのパンは「コンチャ」という名前で、『「食」の図書館　パンの歴史』（ウィリアム・ルーベル著、堤理華訳、原書房、二〇一三年）によると、ミルクロールパンに、着色した粗めの砂糖衣をかけてあるそうです。

いずれにせよ、メロンパンも定着して現在に至るまで愛されています。二〇〇〇年代初頭には、専門店も登場してブームになりました。

最初に生まれた総菜パン

時代は移り、一九二七（昭和二）年、初めての総菜パンが誕生します。それはカレーパン。東京は深川のパン屋「名花堂」が売り出した「洋食パン」が最初です。現在は「カトレア」の店名で、当時の味を保ったカレーパンも販売しています。

創業者は、埼玉県飯能出身の中田豊吉。一八七七（明治一〇）年に東京へ出て開業しています。木村屋と同様、麹菌を使った菓子パンやコッペパンを販売していました。深川は当時、浅草に並ぶ一大繁華街。両国や本所と門前仲町を結ぶ高橋《たかばし》の下を流れる小名木《おなぎ》川は水運の要でした。工場地帯で労働者も多かった場所、いわゆる東京の下町です。

その街を、関東大震災が襲います。店も瓦礫と化し、二代目の豊治は再起するために、必死で新しいパンを考えます。カレーパンという発想に至ったのは、当時、カレー、コロッケ、とんかつが「三大洋食」と言われ、大人気だったからです。カレーパンは中にカレーが入っているというだけでなく、「見た目はとんかつ」と考えたそうです。工場労働者たちには手が届かなかった憧れの洋食のうち二つを、パン一個で体験できる。食事になるよう量もたっぷり入れました。だから、洋食パンという名前を選んだのですね。ボリューミーなカレーパンはすぐに、店の看板商品になりました。

パンに具材を包み込む。饅頭文化があったからこその発想が、日本の菓子パン・総菜パン文化を生み、発展させてきました。メキシコのコンチャだけでなく、ドイツにもジャムパンがありますし、フランスのパン・オ・ショコラは日本でも人気ですね。外国にも中に具材を入れるパンはなくはない。しかし、これだけバラエティ豊かなラインナップはない。それは、日本人にとって主食の中心はご飯であって、パンはサブ的なことが大きいと思います。まずあんパンから売れたように、今でもパンをおやつと考える人も多い。

また、ご飯についても、丼のように何でも載せて食べる文化がある。もしかすると、総菜パンは洋風どんぶりなのではないか、と思うことが私にはあります。何しろ、一個で食事になってしまう。総菜パンを二つ三つ、菓子パンを一個買えば、パンだけでフルコースができてしまいます。

コロナ前は、日本で菓子パン・総菜パンを学んで持ち帰ろうとする外国人の学生・研修生も大勢来ていました。ヨーロッパでは敬遠されることが多いと聞きますが、テレビ番組の『世界！ニッポン行きたい人応援団』(テレビ東京系)では、日本の菓子パン・総菜パンに憧れたジョージア人の男性が二〇一八年六月一八日の放送回で紹介されていて、二〇二二年一二月一九日の特別番組で、その後も修業中だと紹介されていました。

世界に認められる一大文化の発信源となった、日本のパン。菓子パン・総菜パンがこれだけ発展したベースには、明治初頭のあんパンの誕生があるわけで、そうした戦前の誕生史をひもといていくと、異質な西洋文化を何とか受け入れて自分たちの生活に取り込んでいった、先人たちの苦闘の歴史が浮かび上がるのです。

第三章

大正時代の「三大洋食ブーム」

A delicious history of modern Japanese food trends.

モダンガールの時代

幕末の開港以降、日本は西洋文化を積極的に採り込んでいったわけですが、最もわかりやすい文化は、料理ではないでしょうか。今回は大正時代から昭和初期にかけて流行った、「三大洋食」を中心に考えたいと思います。当時、三大洋食と言われたのは、カレー、コロッケ、とんかつ。本章でベースにする資料は、『日本外食全史』です。

まず、時代背景からお話ししましょう。大正時代から昭和初期にかけては、モダニズムの時代と言われています。開国して半世紀を超え、江戸時代を記憶する世代もずいぶん少なくなりました。一方、明治後期に日清日露の戦争を経験した日本は、産業革命によって近代的な企業が続々と誕生していきます。

三越伊勢丹ホールディングスの社史によれば、一六七三（延宝元）年に江戸で創業し、長年日本橋で営業してきた三井呉服店が「三越呉服店」と改称し、「デパートメントストア宣言」を行ったのは、一九〇四（明治三七）年。一九一四（大正三）～一五（大正四）年に出した「今日は帝劇、明日は三越」のキャッチコピーが流行しました。

三越は、一九三〇（昭和五）年に銀座店も開業。銀座には明治末期からカフェもできて、遊びに行きたい街としての人気が急上昇。洋装で断髪のモダンガール、洋装のモダンボーイらが「銀ブラ」を楽しむといった、新しい風俗が誕生していきます。モダンガールは「モガ」、モダンボーイは「モボ」と呼ばれました。どこか懐かしくて親近感がある、現代の始まりです。

この時代が現代に通じると思えるのは、企業に勤めるサラリーマンがふえたからかもしれません。彼らは腰に弁当をぶら下げて出勤する姿から、「腰弁」などと呼ばれていました。揶揄《やゆ》されながらも、家族を養える給料をもらえ安定した立場のサラリーマンは、庶民の憧れの職業でした。

新しい価値観を持ったモダンガールたちが登場したのは、女学校を出た女性の知識層が

「今日は帝劇　明日は三越呉服店」ポスター
（三越伊勢丹ホールディングス提供）

登場していたことも影響しています。前章でお伝えした、新宿中村屋の相馬黒光も女学校に通った知識人。明治末には、「元始、女性は太陽であった」の有名な言葉で始まる、女性だけが編集に携わる雑誌、『青鞜』（青鞜社）も創刊されました。創刊編集長の平塚らいてうは、一九〇一年に開校した日本女子大学校を出た女性です。

当時、日本の女性には人権がありませんでした。子どものときは親に、結婚してからは夫に、年を取ったら子どもに従うべきだとする仏教の概念を表す「女三界《さんがい》に家なし」という言葉がそのまま当てはまる時代です。しかし、女性の知識人、文人たちは先頭に立って『青鞜』の誌面で熱く議論を交わします。画期的な雑誌は、全国からファンを集めました。

津田梅子による女子英学塾、現在の津田塾大学ほか、女性が女性のために創立する女学校も、次々とできた時代です。女性たちは、選挙権獲得運動や廃娼運動なども起こします。日本におけるフェミニズム・ムーブメントの第一波です。

しかし、圧倒的多数の女性たちにとっては、人権より明日の飯の保障が一番欲しいモノでした。女学校へ行った女性たちも、卒業を待たずに結婚していくほうがうらやましがられる、というのが大正時代です。その結婚相手が、サラリーマンでした。

サラリーマン家庭という中流層を狙って、女性向けの雑誌が次々とできていきます。明治に創刊された雑誌は限られた知識層を対象にしていましたが、中流層ができた大正時代には、料理記事などの実用的な情報に力を入れる『料理の友』（大日本料理研究会）や『主婦之友』（主婦之友社、主婦の友社による『主婦の友』となり、雑誌としては二〇〇八年に休刊）が創刊されます。新聞の料理コラムもありました。レシピ本は江戸時代からありましたが、女性の教育レベルが上がったことを背景に、家庭向けの実用的な本が刊行されるのは、一九〇三（明治三六）年以降です。『近代料理書の世界』（江原絢子・東四柳祥子、ドメス出版、二〇〇八年）によれば、同年に刊行されたのは、熊本の尚絅《しょうけい》高等女学校（現尚絅学院）の料理講習会の記録『家庭実用　最新和漢洋料理法』（簗山順子、長崎次郎）、『家庭料理法　全』（横井玉子、冨山房）です。

サラリーマンの妻となった高等女学校出の女性たちは、こうしたメディアを参考に料理します。ちょうどガスが東京市内に引かれ、鈴木商行が日本初の既製品のキッチンを販売し、台所改善運動が女性誌を中心舞台にくり広げられた時代です。

親世代とは環境も価値観も違う新しい世代の女性たちは、親から教わってきた和のお総菜だけでなく、目新しい洋食にも挑戦していました。明治の終わり頃から昭和初期にかけては、西洋料理が日本人の口に合うようアレンジされ、洋食に進化していく時代です。たとえばカツレツという薄切り肉の揚げ焼きが、たっぷりの油で揚げるとんかつとして、キャベツを添えた現在の形になるのは、二〇世紀初頭です。カレーが、今や定番となったジャガイモ、ニンジン、タマネギの具材が入った料理になっていくのが一九一〇年代の明治末以降です。コロッケは、大正時代半ばに、「コロッケの唄」とともに流行します。

昭和初期にこれらの料理が三大洋食と呼ばれたのは、日本人好みの現在の形になって広がった時期だったからです。

とんかつの誕生

とんかつの誕生秘話については、よく語られているのでご存じの方も多いかもしれません。もともとは、ヨーロッパにあるカツレツが原型です。ウィーン名物のヴィーナー・シュニッツェルなどもその一つですね。肉を薄く叩いてパン粉の衣をつけ、揚げ焼きにする料理は、油っこくてちょっとベトベトしています。つけ合わせは温野菜です。使う肉は牛肉か鶏肉。明治後期、女性誌の『女鑑《じょかん》』（國光社）や村井弦斎のベストセラー小説の『食道楽』（報知社出版部）などで使うよう指示する肉は、牛か鶏。また、内田百閒も『御馳走帖』のエッセイで、カツレツと言えばビーフカツレツだと書いています。チキンカツも人気でした。

しかし、前章でもお伝えしたように、日清日露の戦争で牛肉が足りなくなると、豚肉が普及して、カツも豚肉を使うようになります。そして、薄くて油っこかったカツレツが、さっくり揚げた現在のとんかつになるにあたっては、二段階の変化がありました。

『ｚａｋｚａｋ ｂｙ夕刊フジ』（産経新聞社）の二〇一七年九月一日配信の「松浦達也 肉道場入門！」シリーズ記事によれば、レシピとしては一八八八年に出版された『軽便西洋料理法指南』（マダーム・ブラン著、洋食庖人編、久野木信善）で紹介されています。最初にアレンジしたとされているのは、銀座の洋食店「煉瓦亭」です。創業は一八九五（明治二八）年。四年後に、創業者の木田元次郎《もとじろう》がてんぷらをヒントに、たっぷりの油で揚げる方法を思いつきました。揚げ焼きは一枚一枚焼くので手間がかかりますが、てんぷら方式なら一度に何枚か揚げることができるので時短にもなりました。そして、さっぱり味が好みの日本人に合わせて、温野菜の替わりに刻んだキャベツを添えました。ちなみに、てんぷらにおろし大根をつけるのも、油で胃がもたれないように、てんぷらが流行した江戸時代に出てきた方法です。なお、木田の考案以前にとんかつはあった、という説もあります。

次の変化は、あらかじめとんかつを包丁で切り、箸で食べられるようにしたことで、一九〇五（明治三八）年に上野で創業した「ぽん多本家」の島田信二郎が考案したという説と、島田が指導した上野御徒町《おかちまち》の「ポンチ軒」が一九二九（昭和四）年頃に売り出したという説があります。島田は、元宮内省の大膳職《だいぜんしき》でシェフを務めていました。箸で食べやすくなるよう、揚げ方も工夫したそうです。

こうしてとんかつは、油脂が苦手な日本人でも食べやすいさっぱりとした味わいになり、ご飯に合う料理になったのです。だからこそ大流行したのでしょう。

とんかつに欠かせないウスターソースが定着したのは、大正時代です。『ブルドックソース55年史』（ブルドックソース株式会社社史編集委員会編、ブルドックソース株式会社、一九八一年）によると、最初にソースをつくろうとしたのはキッコーマンで、なんと開国直後の一八五四（安政元）年に製造しています。西洋料理も知られていない時代につくっても受け入れられなかったわけで、ビジネスにはできなかったようです。

次に挑戦したのはヤマサ醬油で、一八八五（明治一八）年。ニューヨークで製造技術を学んだ七代目の浜口儀兵衛はアメリカで客死し、同行していた通訳の高島小金治が日本へ技術を持ち帰りました。そんな犠牲を払ったのに、売れ行きは芳《かんば》しくなく一年で撤退しています。三番目に挑戦したのは、大阪の越後屋産業（現ハグルマ）で一八九四（明治二七）年に発売し、ようやく時代が追いついたのか成功し、その後は次々とソース販売に乗り出す企業が現れ定着していくのです。ですから、とんかつが二〇世紀の初めに完成し、広がっていくのは、ソースの普及も影響していたかもしれません。

ところで皆さん、とんかつが洋食だと言われると違和感はありませんか？　現在、とんかつ店はのれんがかけられ、カウンター席などもある和風のしつらえが目立ちます。注文すると、ご飯を茶碗に入れ、味噌汁と漬けものがついた定食形式で出され、日本茶まで出てきます。でも、とんかつは洋食だったのです。いつ頃和食のイメージになったのかと思って、調べてみました。

池波正太郎は『むかしの味』（新潮文庫、一九八八年）で、とんかつが流行したのは関東大震災以後と書いています。専門店が出てきたのは、昭和初期頃。このあたりからどうも和食化が始まっています。とんかつ好きの小津安二郎の映画を見ると、一九五二（昭和二七）年に撮られた『お茶漬の味』では、「カロリー軒」という名前の店に入っていくので、どうも洋食っぽい。昔は○○軒という名前の洋食屋がたくさんありました。でも、遺作となった一九六二年公開の『秋刀魚の味』では、とんかつ屋の店内のシーンがあり、畳敷きの部屋で食べているので、和食化しています。ですので、高度経済成長期頃には、すっかり和食になっていたのではないかと思います。

『むかしの味』池波正太郎著、新潮文庫

明治時代のカレー

三大洋食の中で、比較的早く定着したと思われるのが、カレーです。カレーライスは、一八七二（明治五）年に刊行された『西洋料理通』（仮名垣魯文、万笈閣）と『西洋料理指南』（敬学堂主人、雁金書屋）という日本で最初に西洋料理を紹介した二冊のレシピ本に載っていたことが知られています。『西洋料理指南』では、ネギとニンニク、ショウガをバターで炒めてから、鶏、エビ、タイ、牡蠣、赤ガエル、カレー粉を入れて、煮込みます。今とは全然違いますよね。市販のルウがない時代ですので、小麦粉とカレー粉でとろみをつけます。ルウが売られ始めるのは戦後です。カレー粉も、一九〇五年に大阪の大和屋（現在のハチ食品）が考案するまでは、イギリスのC&B社のものしかありませんでした。大和屋はもともと薬種問屋です。カレー粉の原料である、ターメリック、日本名はウコンなどのスパイスは、漢方の薬でもありました。ですから、材料を手に入れやすい薬種問屋がまず、国産のカレー粉を生み出したのです。

一九世紀、鉄道敷設などの仕事でインド人移民が世界中に散らばった結果、カレーは世界中に広がりましたが、日本ではまず、イギリス経由で洋食として受け入れられたところに特徴があります。インド人移民が本格派のカレー屋を開くのは戦後ですので、戦前のカレーは、インド人亡命家をかくまってレシピを教わった新宿中村屋以外は、西洋料理から発展した料理でした。

東京凮月堂では、一八七七年にフランス料理のレストラン営業を始めるのですが、最初のメニューの中にカレーを入れています。『神戸と洋食』（江弘毅、神戸新聞総合出版センター、二〇一九年）によると、一八七〇年創業の神戸のオリエンタルホテルでも、少なくとも一八九七（明治三〇）年には仔牛肉のカレーが名物メニューとして愛されていました。よく知られているように、軍隊などでもカレーは出されました。

カレーの定番食材が一通りそろったのは、明治末頃です。というのは、ニンジンもタマネギもジャガイモも皆「西洋野菜」として明治以降に普及した野菜だからです。赤い金時ニンジンなどの東洋系のモノは江戸時代に普及していますが、カレーで使うニンジンはオレンジの西洋ニンジンで、明治のモノは長細く香りも強かったそうです。ジャガイモは一部の地域で江戸時代に定着した在来系の小さなモノがありますが、幕末に西洋から入った品種が、本格的に栽培されるようになったのは明治半ばでした。私たちがなじんでいる男爵イモは明治末、メークインは大正時代に導入されています。

定着に時間がかかったのが、タマネギです。一八七一年には札幌で、少し遅れて大阪南部の泉州地域で栽培が始まっていますが、『カレーライスの誕生』（小菅桂子、講談社、二〇〇二年）によると、当初は「ラッキョウのお化け」などと呼ばれて、受け入れてもらえなかったそうです。一般家庭に広まるのは大正時代頃でした。というわけで、カレーの形が定まったのは大正時代ということがわかります。

西洋野菜は、幕末から明治にかけて、先進的な農家が採り入れていきます。北海道のように西洋人の指導のもと、新しい野菜を栽培し始める場合もあります。農家の蟹江一太郎が、軍隊時代の仲間から「これからは西洋野菜だ」とすすめられて栽培を始めたのが、カゴメ創業のきっかけでした。一八九九年からトマトやキャベツ、レタス、パセリ、白菜、タマネギなどの栽培を始めますが、トマトだけは売れませんでした。『「食」を創造した男たち』（島野盛郎、ダイヤモンド社、一九九五年）によると、それは「酸っぱいような、甘いような、青臭い、なんとも言えない妙な味」と思われたからです。その四年後、得意先の西洋料理店の主人から、今のトマトピューレに当たるトマトソースがよく売れると聞き、つくり始めたところよく売れ、工場を建てて本格的に製造を始めたのです。

やがてトマトケチャップのほうがアメリカではよく売れる、と知りトマトケチャップも製造し始めます。ちなみにトマトケチャップを最初に売り出したのは横浜の清水屋で、一八九六年から売り始めています。

貿易港と外国人居留地がある横浜は、需要が多いことから西洋野菜の栽培が幕末から始まっています。初代の駐日イギリス公使のオールコックは、植物の愛好家でもあり、庭で野菜を栽培させていたようです。日本人では、鶴見の畑仲次郎という農家が、一八六三（文久三）年にキャベツの栽培を始めています。

大和屋に続いて、昭和期に家庭で常備されるようになったエスビー食品のカレー粉が誕生するのは、一九二三（大正一二）年。カレーが家庭料理として定着し始めます。また、一九二四年に東京・神田で誕生したチェーン店「須田町食堂」、現在の「聚楽《じゅらく》」でも、一九二九（昭和四）年に大阪梅田駅前に誕生した阪急百貨店の食堂でも、カレーは人気メニューでした。こうして、昭和初期にはカレーがブームになるのです。

ウスターソースといい、カレー粉といい、どうも大阪はスパイス好きの風土があるようです。カレールウを大衆化させたのは大阪の

清水屋のトマトケチャップ（&CRAFT小さな工房提供）

ハウス食品。最初のレトルトカレーも大阪の大塚食品。そして近年、大流行しているスパイスカレーも大阪が発祥です。室町時代から続く薬種問屋街があったからでしょうか。あるいは商人の町として発展し、食の都でもあったことから、新しいモノ好きでおもしろがりの風土があるのかもしれません。

日本のカレーは、日本食として世界に知られるようになりました。もしかすると、ご飯にかけて食べられる丼形式の食べ方が、人気の要因なのかもしれません。

大流行した「コロッケの唄」

さて、コロッケです。コロッケは、ホワイトソースを使ったクリームコロッケとポテトコロッケのどちらが先に入ってきたのでしょうか。

『オムライスの秘密　メロンパンの謎』によると、一八九四（明治二七）年に戸田保吉が出版した『独習西洋料理法』（バックマスターなど著）、に、クリームコロッケのレシピが紹介されています。しかし、家庭向けレシピでは、『女鑑』一八九五年一一月五日号にジャガイモのコロッケが紹介された後、一二月五日号で「仏蘭西《ふらんす》コロッケ」という名称で、クリームコロッケが紹介されています。

今も銀座に店を構える「資生堂パーラー」が西洋料理のレストランになったのは、一九二八（昭和三）年です。当初はやはりカレーの人気が高かったようです。そこへ一九三一年に「ミートクロケット」というメニューが加わります。『東京・銀座　私の資生堂パーラー物語』（菊川武幸、講談社、二〇〇二年）によるとそれは、のちに総料理長になる高石鍈之《えいの》介《すけ》が考案した料理でした。高石は、当時西洋料理店として有名だった三田の「東洋軒」にいた一九二一年、赤坂離宮で開かれた皇太子、のちの昭和天皇が渡欧する歓送午餐会で出されたフォアグラのクリームコロッケに感動した経験があったのです。

高石はこのとき、庶民が食べ慣れたコロッケと全然違うことに驚いています。メニュー提案の際も、レストランでコロッケを出すことに難色を示した重役がいたそうです。

それは、この頃すでにジャガイモのコロッケがポピュラーになっていたからです。『にっぽん洋食物語大全』（小菅桂子、ちくま文庫、二〇一七年）によれば、ジャガイモのコロッケを人気にしたのは、庶民が通える店でした。現存する店では、大正時代に開業した、横浜市鶴見の洋風揚げもの店「改良軒」や、一九二七年に東銀座で開業した「チョウシ屋」があります。チョウシ屋の創業者、阿部清六は、その前は「長楽軒」という洋食店で働いていて、クリームコロッケを出していたそうです。しかし、庶民には手が出ない。そこで、ホワイトソースをジャガイモに替えて売り出し、人気になりました。

コロッケなら残った肉やラードを使える、と全国の肉屋に広がっていったのが、現在も親しまれる肉屋のコロッケです。

実はコロッケがどのように日本に入ってきたかは、はっきりしていません。日本エスコフィエ協会のウェブサイトによれば、クリームコロッケについては、日本の西洋料理のルーツをつくったといえるフランスの有名シェフ、エスコフィエのレシピにあるそうです。オーギュスト・エスコフィエは、一九世紀後半から二〇世紀にかけて活躍し、フランス料理とその厨房を、近代化したことで知られるフランス料理の巨人です。これまで三度もテレビドラマ化されている『天皇の料理番』（杉森久英、集英社文庫、一九八二年）で有名になった、秋山徳蔵が宮内省に呼ばれたきっかけは、エスコフィエが指揮するホテルリッツの厨房でも働いたことでした。

一方で、ポテトコロッケは、ヨーロッパ各国にあります。ポルトガルやイギリスには、ジャガイモと魚などを使ったコロッケがあります。日本の西洋料理界を支える料理人を輩出した日本郵船の定期航路の厨房には、イギリス人も多かったので、彼らを経由してジャガイモのコロッケが伝わった可能性もあります。

そして、チョウシ屋の阿部の発想がオリジナルだったとすれば、思いつきでジャガイモを入れる発想もあり得ます。レシピは必ずしも誰かから学んで覚えるだけでなく、自分が思いついた新しい料理を誰かが始めることはよくあります。プロの料理人は日々レシピを考案し、メニューに載せていますし、家庭で台所を担う人たちも、思いつきでつくってみることはあります。

コロッケは、大正時代から流行していました。流行ぶりを象徴するのが、一九一七（大正六）年に東京の帝国劇場で上演された喜劇『ドッチャダンネ』で歌われたのち、浅草オペラの『カフェーの夜』で使われてヒットした「コロッケの唄」。新婚の妻が毎日コロッケばかりつくるので参った、という歌詞です。

洋食の形が完成するまで

こうして三大洋食は、昭和初期にブームになります。外食やテイクアウトの総菜だけでなく、家庭でも三大洋食は採り入れられていました。実は、西洋料理をご飯が中心の日本の食事に合う洋食にする過程には、プロの料理人だけでなく、雑誌や書籍などの出版関係者やラジオの関係者、料理家、そして家庭の台所の担い手もかかわっています。前章でご紹介した豚のショウガ焼きも、東大教授が考案したレシピが原型です。

大正時代から昭和初期にかけては、サラリーマンと専業主婦というライフスタイルの、中流の暮らしを送る人たちが塊として出てきた時代です。そうした主婦たちに向けて、レシピがたくさん発表されました。その中には、今の感覚では不思議に思える料理もたくさんあったようです。そうした不思議なレシピを集め、再現した人がいます。『温故知新で食べてみた』というブログを主宰する山本直味さんです。二〇一三年にはブログをまとめた同名のレシピ本も、主婦の友社から出版されています。

本を見てみると、アジの干物の中にマッシュポテトを詰めた「干魚《ひもの》のポテト詰め」、ヤマトイモをゆでて裏ごしし、牛乳で溶き伸ばしたクリームを、ゆでた豚肉・ニンジン・タマネギ・銀杏と合わせる「豚肉の芋クリーム和へ」などがあります。

コロッケもあります。「白魚干のコロッケ」というメニューがそれで、ジャガイモとサツマイモをゆでてすりつぶし、タマネギなどを加えてからまな板の上で長方形にのばす。その上に、白魚干しとインゲン、ニンジンの千切りをのせ、巻いてから衣をつけて揚げる。組み合わせは不思議ですが、ポルトガルには干しダラとジャガイモのクロケッテというコロッケがありますから、もしかするとそうしたヨーロッパの料理をアレンジしたレシピだったかもしれません。

マッシュポテトを魚に挟んだ料理も、一九五九（昭和三四）年三月一〇日放送の『きょうの料理』（ＮＨＫ）で、「ロールフィッシュ」というトビウオを使った似た料理が紹介されているので、案外ヨーロッパの料理に近いのかもしれません。

いずれにせよ、人々の試行錯誤の工夫の末に、多くの人がおいしいと思い、定着した料理が私たちの知る洋食です。その中には、とんかつのようにすっかり和食化したものもありますし、カレーのように、和食かどうか議論になる料理もあります。

料理のジャンルは、後から人間が定義づけて決まっていくものです。そして、新しい料理は、外からの刺激を受けて誕生します。日本には、外国から採り入れて発展したモノが本当にたくさんあります。私たちがなじんできた和食にも、中国へ行った留学僧などが伝え発展した料理・食品が多いのです。豆腐も味噌も醤油も、一〇〇〇年ほど前に中国から入ってきました。そして、一気に世界が広がった明治時代は、食べたことがないような食材、味つけ、調理法がドッと入ってきました。現地へ修業しに行った数少ない料理人たちのレシピ、海外から入ってくるレシピ、日本に来た西洋人から教わったレシピ、とたくさんの料理を採り入れました。在日中国人も、最初は西洋人の通訳として、やがては自分たちの商売や外交のためにふえて、新しい食文化をもたらしました。その中にはすっかり日本化し、カレーと同じように和食かそうでないかが微妙な、ラーメンやギョウザもあります。

第四章

戦後〜高度経済成長期の「台所革命」

高度経済成長と食

今回は、高度経済成長期に台所で起こった革命的な変化にかかわる、家庭料理の流行についてお話しします。このあたりは、『料理は女の義務ですか』（新潮新書、二〇一七年）ほかで書いたことをもとにしています。まず背景から順にお伝えしましょう。

昭和初期には、現代の起点となる時代が始まっていましたが、その発展は第二次世界大戦で中断させられます。戦争が長引くにつれ、食料不足は深刻になり、補給線を軽視した戦場でも、多くの兵士が自給自足の戦いを迫られ餓死していきました。第二次世界大戦中の日本の軍人および軍属の戦没者約二三〇万人のうち、栄養失調および栄養失調による体力の消耗でマラリアにかかるなどして病死した広義の餓死者は、約六割の一四〇万人にも上ったと言われています。飲食店は、統廃合を迫られる、営業ができなくなる、材料を仕入れられなくなるなどして、多くが廃業していきました。

一九四五（昭和二〇）年に日本がようやく敗戦を受け入れ、戦後が始まりますが、コメの不作なども影響して食糧難は一層深刻になります。戦時中はあった秩序が失われたことも、事態を難しくしました。

ですから、戦後の政府は食糧増産に力を入れました。肉や乳製品の供給を潤沢にするため、野菜や穀物が育ちにくい北海道などでは、酪農の開拓民を募りました。コメも戦前までは植民地の台湾などからの移入米にも頼っていたので、自給できるよう干拓などに力を入れ、技術革新も進めました。

一方、漁業は戦時中にあまり漁ができなかったからか、大漁が続きました。一九七〇年代後半、沿岸諸国の多くが海洋資源の管轄権や沿岸漁業の規制をする水域を強く主張するようになり、一九八二（昭和五七）年に国連海洋法条約で二〇〇海里の排他的経済水域が決まりました。しかしそれまでは、日本の漁師は世界中の海で漁業に勤《いそ》しんでいます。

生産した食料を、今度は都会へ届けます。魚介類はより鮮度が求められるため、昔は塩蔵や干物にしないと遠方へ運ぶことができませんでしたが、この頃技術が発達し、トラックでも冷蔵や冷凍ができるようになります。国が産地から店頭まで冷凍・冷蔵したまま食料を運べるよう、コールドチェーン勧告を発したのが一九六五（昭和四〇）年です。

朝鮮戦争を契機に日本は経済を回復させ、そのまま高度経済成長期に突入します。都会では企業が次々とできて成長していくため、たくさんの人手が必要になりました。一方農山漁村では、引揚者も多く人口が余っていました。農業は機械化が進み、人手が余り始めます。戦争による監視社会の閉塞感も残っていて、若者や働き盛りの男性が仕事を求めて出ていき、都会の人口がふくれ上がりました。

人口が急速にふえた都会では、野菜の価格が激しくアップダウンしました。それでは生活が困難になるため、一九六六年に政府は野菜生産出荷安定法を定め、指定産地と指定大都市を結びます。指定産地で、キャベツや大根などの主要野菜をリレー形式で生産し、確実に大都市へ届けるのです。その結果、野菜の単一栽培が広がっていきました。それまで、畝《うね》ごとに野菜を換えるなど多様な作物を栽培していた農家も多かったのです。

養鶏も、庭先で数羽のニワトリを買う程度だったのが、養鶏専門の農家が集約的に行うケースがふえていきます。野菜もそうですが、国の方針で農業が全般的に大量生産になっていったのです。コメづくりは機械化が進み、農薬を使うから草取りも少なくて済む、とラクになったことから、会社勤めをしながら週末に農業を行う兼業農家がふえていきます。それは、機械や農薬、化学肥料などのコストがかさみ、より高収入でなければ生計を維持できなくなったからでもありました。

流通業でも、一九五〇年代後半からスーパーが誕生していきます。それまで、買いものは八百屋、魚屋と、あちこちの店へ寄って行い、店員からおすすめの食材や料理法を教えてもらったり、雑談しながら買う人が多かったのが、スーパーではひと通りのモノが一カ所でそろいます。セルフサービスなので、黙ったままレジで会計ができます。ラクで効率的ですが、そこでコミュニケーションは生まれません。そうした効率化は、もしかすると主婦の料理技術を下げることにつながったかもしれません。料理の知恵が得られる機会もなくなるからです。

主婦がふえた時代

産業の急速な発展は、人々の働き方を変えました。第一次産業から第二次産業へと産業の中心が移り、日本は一気にサラリーマン社会に発展していきます。一方、女性で彼らと同じように働く人はまれでした。企業は女性に対し若年定年制度を設けましたし、女性は男性社員の花嫁候補として採用される傾向が強かったからです。

女性の中にも、サラリーマンと結婚し主婦になることに憧れる人がたくさんいました。戦前は、サラリーマンが労働者の一割にも満たなかったので、主婦になれる女性も限られていました。その道が今度は大勢の女性に開かれ、この頃の女性たちは、こぞってサラリーマンと結婚していきました。憧れの立場を得た女性たちは、主婦の座に誇りを持ったと思います。

彼女たち庶民出身者の母親たちは、農業などの家業で忙しい、あるいは都会で内職や勤めに出るかたわら家を回すダブルワークで大変でした。また、農家の嫁はほとんど奴隷のような低い地位だったのです。戦後もそうした立場がなかなか変わらない傾向はあったようですが、戦後に教育を受けた当時の若者たちは、従来の嫁の低い地位に疑問を抱いていました。日本国憲法により男女は同権とされ、戦前にはなかった人権が、少なくとも法律上は女性にも保障されるようになっていたからです。民主主義が最も輝いていた時代に教育を受けた彼らは、対等な立場で新しい夫婦関係を築こうと考えました。

都会には、田舎から出てきてサラリーマンになった次男、三男がたくさんいました。彼らと結婚すれば、女性たちは戦前の風習を引きずった舅姑なしで民主的な核家族を築けます。そんな時代を反映して、この頃「家つき、カーつき、ババア抜き」という言葉が流行しました。同居してもしなくても義母娘の関係はあるので、昭和半ば以降は、嫁と姑の確執が大きな社会問題となります。価値観が激変した時代ですので、世代間の価値観の対立は深刻だったと思われます。

新しい時代の核家族の夫婦は、夫が稼ぎ、妻が家のことを取り仕切る性別役割分担を取り決め、女性たちは家事や育児の責任を負いました。このときに広がった主婦のライフスタイルが、その後の世代に影を落としています。今、多くの女性が、自分は母親のようには家を回せない、あるいは正しい家事・育児の実践ができないと葛藤しています。それは、この頃の主婦の家事のレベルが非常に高く、家族にとっては居心地のよい暮らしになったからです。そのやり方が標準であるべきだ、という価値観は、女性のライフスタイルが変わり続けた半世紀の間も、ずっと尾を引いて女性たちを悩ませているのです。

ダイニングキッチンの誕生

主婦の家事のレベルが高くなったのは、主婦になることに誇りを持って働く女性たちがたくさんいたことも大きいと思われます。彼女たちの中には、新築の団地やマンション、一戸建てで暮らす人も多くいました。新しい家は、家事のモチベーションを高めるのではないでしょうか。

この頃、キッチンも大きく変わりました。そのきっかけは、一九五六（昭和三一）年から住宅供給が始まった日本住宅公団（現UR都市機構）がダイニングキッチンを開発し、そのスタイルが広がっていったことでした。それまで、都会の台所は北側の狭くて暗い場所でしたが、家の中心に持ってきたのです。集合住宅になったこともあり、土間から板の間へ変わり、当時全国に普及したライフラインも引きました。電気もガスも水道も、スイッチ（蛇口）一つで操作できるようになったのです。都市部には、戦前に電気やガスが通っていたところも多かったのですが、何しろ高度経済成長期は田舎から出てきた人たちも多かったので、実家は薪に火をくべ、水くみをして、という台所仕事が当たり前だった人も多くいました。農村部にはこの頃、ライフラインが普及しています。

シンクも、それまで高級品だったお手入れがラクで丈夫なステンレス製を大量生産できるようにしたので、使いやすくなりました。ステンレスなら、ゴシゴシこすればすぐきれいになりますし、食器を落としても割れにくくなりました。

換気扇も普及したので、油脂を使う調理がしやすくなりました。そしてガスの安定した火力。この頃広まった料理に中華料理から来た炒めものがありましたが、そうした調理は、薪の火を使い換気環境が悪い場所では難しかったのです。

キッチンが変えた家庭料理

さて、ここからやっとトレンドの話です。この時代の家庭料理で流行したのは、洋食と中華でした。戦前にも都会では、洋食や中華をつくる人や、外食で食べる人はいましたが、全国的に広がったのはこの時期。要因の一つは、食糧増産の結果、野菜や肉、乳製品、魚介類などが潤沢に供給されるようになったからです。そして、戦中戦後の食糧難の名残りで栄養不足の人が多く、タンパク質や脂質をよりたくさん摂るよう奨励されたこともあり、そうした成分を摂りやすい洋食や中華のレシピがどんどん紹介されたことも影響しています。それらの調理に向いていたのが、近代的なダイニングキッチンという環境でした。

昔の台所は、床に足つきのまな板を置いて作業するなど、立ったりしゃがんだりする動作が多く非効率でしたし、しゃがむ作業は疲れました。都会では大正時代に台所改善運動が起こり、次第に立ち流しが普及していきましたが、全国的に広がるのは高度経済成長期です。動線も効率的になりました。

また、この頃は家電が普及していく時期です。洗濯機、電気冷蔵庫、炊飯器などが家庭に入っていきます。電気冷蔵庫があれば、毎日買いものをしなくても済みます。

そうした環境の変化、潤沢な食材、張り切って主婦業に勤しむ女性たち、と三拍子がそろっていたのが、高度経済成長期です。

さらに、この時期はレシピを提供するメディアも充実しました。新聞でも料理コラムがありますし、主婦雑誌も全盛期。さらにテレビも普及し始め、『きょうの料理』（ＮＨＫ）

などの料理番組が次々に誕生します。メディアを通じて初めて洋食や中華を知り、挑戦する主婦はたくさんいたでしょう。

『きょうの料理』は一九七〇年代まで、和洋中の三本立てで料理を教え、その中でも目新しい料理を積極的に伝えました。それは、番組側が和食なら誰でも知っているだろうと考えていたからです。ところが、読者視聴者の中には、料理の基本がわからない人がいることが判明します。おせち料理もつくり方を知りたい人たちが多く、おせちのレシピ紹介は毎年年末の恒例企画になりました。そして、料理の基礎を教える回を設けるなどしていきます。それは、テレビの普及率が上がり、当初は富裕層を中心にしていた視聴者層が大衆化し、料理をお手伝いさんなどに任せるのではなく自分でつくる人たちや、仕事を持ちながら台所を回す人たちが、テレビ番組を通して料理を学ぶようになったことも影響していると考えられます。

一つ、おもしろい話があります。人気の洋食や中華は、すぐにインスタント食品や冷凍食品などの加工食品にもなっていくのですが、チルドハンバーグのマルシンハンバーグは一九六二（昭和三七）年に発売された当初、営業担当者が市場で働く人たちから「それ何？さつま揚げのおばけかい？」と言われたのだそうです。その頃はまだ、ハンバーグを知らない人が大勢いたのです。

加工食品が続々と生まれたのは、当時そうした技術自体が新しかったこともあるでしょう。冷凍食品だけは戦前からありましたが、それは食材を凍らせたモノ。ギョウザやピラフ、グラタンなどの料理については、高度経済成長期以降に生まれて発展します。選手村食堂で大量調理が必要になった東京オリンピックで冷凍食品技術が試され、評判が良かったことがきっかけです。インスタント食品については、二〇一八年秋から翌年春まで放送されたＮＨＫ朝の連続テレビ小説の『まんぷく』でも紹介された、日清食品のチキンラーメンが一九五八年に発売されたことが大きかったです。レトルト食品は、一九六八年に大塚食品から発売されたボンカレーが最初。

技術革新もありますが、そうした技術が開発された背景には、多忙な主婦を助けようという開発者たちの思いがありました。専業主婦も、家事と育児を全部引き受けるとかなり忙しいですし、家電が普及しておらずライフラインが整っていなかった時代までに比べれば家事が格段にラクになったこともあり、外で働く既婚女性がふえ始めていたからです。

サラダが家庭に入ってきた

洋食・中華とひとまとめにして話してきましたが、この頃流行った時代を象徴するような料理と言えば、サラダとホワイトソースを使った洋食が挙げられます。

サラダは戦前から登場していましたが、一般的にはポテトサラダやマカロニサラダなど、火を通した食材を使った料理が中心でした。日本には煮もの、汁ものといった長時間火にかける以外の料理でも、おひたしや酢のもの、漬けものなどの野菜食文化がもともとありました。これらは軽く火を通す、あるいは発酵させるなどの加工をした料理・食品で、ナマの野菜をそのまま食べる習慣はなかったのです。昭和後半の時期は、食卓にサラダがあると、お父さんが不満そうな顔をして「おれはウサギじゃない」と文句を言った、なんてエピソードを聞いたことがあります。

ナマの野菜を食べる習慣が広まったのは、占領（進駐）軍に向けたレタスの栽培が盛んになったことが影響しています。しかも、産地へ視察に行った占領軍の兵士たちは、肥溜めから取った肥料を畑にやっていることを知り、寄生虫がつかないか心配しました。野菜に火を通す日本人は、寄生虫の心配はしていませんでしたが、サラダで生野菜を食べる彼らにとっては切実な問題だったからです。そのことが、化学肥料の普及に影響したと言われています。しかし、その後に下水道も整備されていきますし、農村と都市の距離が開くようになっていくと、人の排せつ物を肥料の原料として使うことは現実的でなくなるので、遅かれ早かれ人糞は使わなくなったと思います。

トマトが明治時代に敬遠されたことは前章でお伝えしましたが、戦後もまだ、トマトの味を知らない人はたくさんいました。戦中生まれの男性から、戦後初めてトマトを食べたとき、クセのある妙な味がしたと聞いたことがあります。

一九五八（昭和三三）年にキユーピーからフレンチドレッシングが発売され、その後和風その他さまざまなドレッシングが登場します。今は、レストランや食材店などさまざまなブランドのドレッシングがありますが、昭和の頃はそれほど選択肢もなく、サラダのレシピ紹介のときはたいてい、ドレッシングやマヨネーズのレシピも併せて紹介されていました。時代は変わりましたが、大手メーカーのドレッシングのテレビCMが、皿に盛りつけた野菜にソースをかける映像を流すせいか、いまだにドレッシングを後からかける人がどうやら日本では主流です。サラダ文化が発達した欧米では、あらかじめキッチンでソースを和えなじませてから食卓に出します。おひたしや酢のものがそうであるように、サラダもあらかじめ食材に味をなじませたほうがおいしくなるからです。

ホワイトソースの人気

もう一つは、ホワイトソースを使った料理です。昭和期に活躍した名脇役の俳優、沢村貞子の有名な『わたしの献立日記』（新潮社、一九八八年）には、くり返し「白ソース」を使ったサラダが出てきます。ホワイトソースを使った料理と言えば、今はクリームシチュー、クリームコロッケ、グラタンなどがポピュラーです。これは、正式にはベシャメルソースというフランス料理のソースの一つです。最近は、フランス料理の料理人から家政婦になったタサン志麻が、ホワイトソースをつくっておけば料理がラクになる、と主張しています。

このソースは、バターで小麦粉を炒め、牛乳を少しずつ加え溶き伸ばしてつくります。今はレトルトのルウや缶詰を使う人も多いかもしれませんが、サラダのドレッシングと同じく、昭和半ばの主婦たちは、一から手づくりしていました。しかし、この少しずつ溶き伸ばす作業が手間ですし、だまになったり焦げついたりと、失敗する人も多かった。そのため、『きょうの料理』はこの頃、くり返しつくり方を解説しています。

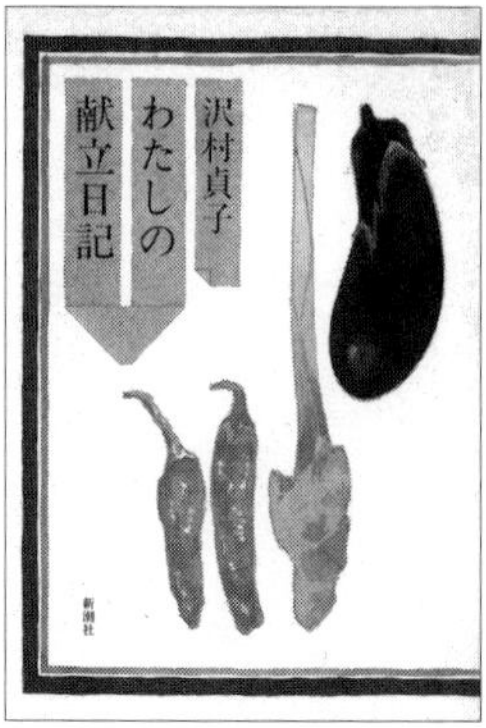

『わたしの献立日記』沢村貞子著、新潮社

ホワイトソースが流行していた背景には、

国に奨励されて酪農が盛んになったことから、牛乳やバターが安く手軽に手に入るようになった変化があります。スーパーに紙パックで牛乳が並ぶようになったのも、この時期から。それまでは牛乳屋が毎朝、一人用のビンで配達するものでした。一リットルサイズになったことで、牛乳を料理に使う発想も広がったのではないでしょうか。グラタンは、牛乳にバター、チーズも使いますから、この時代以降家庭の冷蔵庫に常備されるようになった乳製品をひと通り使う感じになります。そうした料理が流行ったのも、経済成長時代の特徴と言えます。

日常料理が一気に高度に

この時期は、やっと庶民の女性が主婦になれるようになった時代でしたが、同時に産業の発展が起こったこともあり、すぐに主婦の存在意義は揺らぎ、高度経済成長期には三回も主婦論争が起こっています。

一九五五（昭和三〇）〜一九五九年に盛り上がった第一次主婦論争は、主婦の職場進出の是非を問い、一九六〇年から一九六一年に起こった第二次主婦論争は、家事労働の経済的価値を問う、そして一九七二年の第三次主婦論争は、主婦の立場の正当性を問いました。

女性の主婦化が進むと同時に、主婦が主婦であることの価値が低められていったことがわかる論争でした。世界のフェミニズム・ムーブメントに先駆けて、一九五〇年代から主婦の存在意義が問われたのは、遅れてきた先進国の日本では、主婦化と産業化が短期間で同時に起こった影響ではないかと思われます。

外で稼ぐことができるのに家にいる、という非難の目を注がれたことを意識したのかどうか、主婦たちは家事を念入りにしていくようになります。たとえば照明で明るくなった台所では汚れが目立つ、集合住宅ではホウキでホコリを掃き出せないから掃除機をかける、など新たに手をかける必要が出てきた家事もありました。

また、この頃流行した洋食や中華には、手のかかる料理がたくさんありました。たとえば、ロールキャベツはキャベツをあらかじめゆでてから、細かく刻んだタマネギやミンチを丸めて包み、煮るという手間がかかります。グラタンは、野菜をそれぞれ下ゆでし、ホワイトソースをつくって、順にグラタン皿に入れてからオーブンで焼く、と何段階にも分けた作業が必要です。ギョウザは刻んだ野菜とミンチを練ってたねをまとめ、一枚一枚皮に包んでいく作業が必要です。これからの洋食はレストランの料理でしたし、ギョウザや春巻きは中国で春節など特別なときに用意する料理でした。つまり、ハレの料理が日本の家庭では、日常の総菜として普及していくのです。

料理が苦手な人や多忙な人は、そうした手のかかる料理をしづらい。そこを食品メーカーは狙ったのです。また、その後一九七〇年代に登場するファミレスなどの外食チェーンで、そうした料理を楽しむ家族もふえていきます。

手がかかるけれど、栄養が豊かでおいしい。それがこの頃人気になった洋食、そして中華でした。主婦の家事の水準はこの時期、ぐっと上がり、そしてそのことが、多忙になっていく下の世代の女性たちが苦労する原因になっていきます。

女性たちが手をかけて料理する中で、身につけた習慣があります。それは一度に二品も三品も新しくつくり、日替わりで献立を整えるようになったことです。当時、新米主婦になった女性たちは、戦中戦後生まれ。都会で、まともに料理できる環境が家庭になかったり、親がいなかった子ども時代を過ごした人が少なくありません。また、食料が比較的あった農村部で過ごした人たちにも、若くして都会に出てきたため、やはり料理をしっかり習えなかった人たちがいました。そのうえ、台所環境の激変です。親が行っていたのと同じようには料理できない。そんな事情で、料理を雑誌などのメディアから学ぼうとした主婦は多かったのです。

当時の主婦雑誌は、献立提案をするなどして、一汁二菜程度の日替わり献立を指導しました。また、愛情を込めてていねいにつくるべきことも伝えています。昔は、常備菜を二度三度出す、旬に大量に穫れた野菜をくり返し出すなど、似たような献立の日が続くこともあったと思います。農家の女性は多忙なので、煮ものか味噌汁をつくり、漬けものを出してくるだけといった日もあったでしょう。そうしたくり返しの料理は、この頃栄養のバランスが悪くなると批判されます。確かにそうした一面もあった。だから、この時期の主婦たち以降、台所の担い手は、なるべく多彩な食材を使い、目先を変えて新しい料理を出すよう心がけていくのです。

私は環境が激変し、台所でつくられる料理に外国料理の要素が濃くなり始めたこの時期を、「台所革命」期と呼んでいます。同じ頃、大学生たちが闘争した大学紛争が起きていました。男性を中心にした若者たちの革命の野望は挫折しましたが、同じ時期にその少し上の世代の女性たちによる台所の革命は粛々《しゅくしゅく》と進行し、すっかり生活を変えてしまったのです。

この頃から、食のトレンドには、女性が果たす役割が大きくなっていきます。女性たちは、家事の担い手として期待される一方、自分自身が人生の主役となって仕事などで活躍する、あるいは必要に迫られて家計の一端を担うなど、いくつもの役割が期待され、また自分自身も求めるようになり、葛藤していくことになります。

第五章

キッチンと料理の関係

キッチンが変われば料理も変わる

本章では、個人的な体験からご紹介します。私はつい最近まで、ずっと二口ガスコンロで料理をしてきました。実家のキッチンは壁つけのI型でそれなりに調理台は広かったのですが、二七歳で一人暮らしを始めて以降は、調理台がまな板一つ分のスペースしかないところで不便な思いをしてきました。しかし、二〇二一年の秋から暮らす部屋には、三口のガスコンロが入っています。調理スペースも一回り大きくなり、今までは調理台を半分塞いでいた水切りかごをシンクの左側に置け、ゆとりがある空間で作業できるようになったのです。

すると、つくる料理が変わりました。まず、実家を出て以来つくったことがなかったフライをつくるようになりました。それから、青菜のおひたしの出番がふえました。アボカドとトマトをつぶしてメキシコ風のワカモレサラダをつくったり、ミートローフをつくったりと、いろいろな料理に挑戦するようになりました。私が料理に凝るようになり、楽しくなったのは、キッチン環境の変化が大きく影響しています。

二口コンロが不便だったのは、コンロがふさがっているために、作業が進まないことが多かったからです。片方のコンロでスープを煮て、もう一つのコンロで炒めものや焼きものをしているときに野菜の下ゆでをしないと始まらない料理もしようと思えば、どちらかの鍋をいったん火からおろすしかないのです。あるいは、できたてで食べるために、両手で鍋をあっちへやったりこっちへやったりして直前に火を通す、と複雑な作業をすることがありました。しかし、コンロが三口あれば、二口ふさがっていても、残りの一口でいつでもゆでものができる。そうすると、気楽におひたしをつくれるようになりました。

また、調理台が広いと、バットや食材を広げるスペースもできます。フライは小麦粉、卵、パン粉のそれぞれが入ったバットを三枚も並べて衣をつける必要があるため、まな板一枚分しかスペー

著者の自宅キッチン（著者撮影）

スがない調理台ではつくる気が起きませんでした。また、ブレンダーで野菜をつぶす作業もスペースを取ります。ワカモレサラダをつくる気になったのも、調理台のスペースに余裕があるからです。お菓子やギョウザづくりも、伸び伸びとできるから作業が楽しくなりました。今までは肉野菜炒めか煮もの、プラス一品あるかないかの食事が多かったのが、時間があるときは品数が多めになる日もふえました。

こんな体験からもわかるように、キッチンの環境は、つくる料理にも影響します。本章では、そうしたキッチンから見える家庭料理の歴史をお伝えしたいと思います。

昭和初期の台所

日本の台所は長い間、土間でしゃがんだり立ったり、と作業が煩雑な空間でした。土間にはかまどがしつらえてあり、家族で薪を割って、その薪で火を起こしました。まな板は脚つきで、流しも床にあり、食材を洗ったり切ったりする作業のときはしゃがみます。火の管理もしゃがんで行い、目が離せません。そもそも、水を共同の井戸や川などへくみに行く必要さえありました。運んできた水は水がめに貯めて大事に使います。

『「モノと女」の戦後史』(天野正子・桜井厚、平凡社、二〇〇三年)で紹介されている、一九五五（昭和三〇）年に長野県茅野市で行われた水くみの実態調査によると、夕方の二回と洗濯の際の合わせて一日三回、合計三五分が水くみに費やされ、一年に換算すると約九日分が水くみに当てられていたことがわかりました。

薪をくべるかまどの火は、火加減を手作業で調節しなければならないので、誰かがつきっきりで見ている必要があります。一人で台所を担う場合は、ご飯を炊いている間はほかの作業ができませんでした。また、火力が安定しないため、ご飯が焦げついてしまう、中まで火が通りきらず芯が残るといった失敗も多かった。それでももったいないので、おかゆにするなど何らかのリメイクができる臨機応変さが不可欠でした。

庄屋など大きな家ではかまどが何個もありますが、庶民は一個二個しかなく、ご飯を炊く以外の調理が難しい家も多かった。だから七輪が重宝されたのですね。寒い地方では囲炉裏で料理することもありましたが、こちらも基本的に鍋一つをぶら下げられるだけです。

昭和初期の暮らしを描く『日本の食生活全集』（農文協）は、農山漁村と都市部、四七都道府県のそれぞれ数カ所ずつの地域で聞き書きしたシリーズですが、当時の食事を再現してもらった写真が掲載されています。日常食は、麦などが入ったご飯やイモが主食で、味噌汁と漬けもの、煮ものなどの常備菜がつくことが一般的でした。常備菜はその都度つくらず、数回くり返して食卓に上ることもありました。漬けものは野菜が穫れた時期にまとめて仕込んでおきます。酢のものなどの和えものは必ずしも火を使いません。漬けものまで入れたごくかんたんな一汁二菜が、全国的に標準的な食卓だったようです。

常備菜と漬けものを駆使したシンプルな食卓は、当時の台所の担い手が、農家や漁師、都会の商家など、家業でも忙しい人が多かったことに加え、こうした火口の少なさと料理の手間が影響しています。都会の小さな商人の家では調理台もロクにないことがあるので、やはり凝った料理ができる環境ではなかったようです。だから、都会では総菜売りも発達したのでしょう。料理のやり方は、母親や姑などから伝授される、あるいは女中奉公先で教わることが中心で、レシピから学ぶ人は少なかったのです。

しかし、昭和初期はサラリーマン世帯が増加した時期でもあります。サラリーマンの妻である主婦たちは、主婦雑誌やレシピ本から新しい料理を採り入れることもありました。また、都会に住む彼らの家には、水道やガス、電気も引かれていたでしょう。ガスコンロもせいぜい二口だったとは思いますが、安定した火が使えるのはかまどと大きく違う点でした。洋食が都会の家庭から普及していったのも、情報量の違いに加え、そうした環境の違いが大きいと考えられます。

『日本の食生活全集⑬聞き書　東京の食事』（一九八八年）では、人形町に住む女学生が、外食でワンタンや牛鍋を楽しんだり、お昼ご飯に、近所の肉屋で買ってきたコロッケにキャベツのせん切りを添えて、シジミの味噌汁と食べたりしています。夕ご飯は、サンマの塩焼きに切り干し大根の煮もの、ジャガイモやタマネギなどの根菜と鶏肉を炒め煮したシチューを食べています。

『日本の食生活全集㉗聞き書　大阪の食事』（一九九一年）によれば、大阪府の東側、河内地方ではご飯料理の種類が充実していて、お粥だけでも茶粥や小豆粥、イモ粥などがあります。大根飯、ゴボウ飯、エンドウ豆ご飯などの炊き込みご飯もあります。昔はおかずの種類が少なかったのですが、野菜などを加えたご飯料理でコメを節約すると同時に、かんたんな調理法で多様な食材を摂っていたことがわかります。雑穀が豊富に穫れる地域では、雑穀ご飯も日常食でした。でも、多種類を少量だけ混ぜる現代の雑穀ご飯と違い、昔の雑穀ご飯は味は後回しで、ヒエが多くてボソボソになるなどの場合が多かったのです。雑穀ご飯が流行り始めた二〇年ほど前には、「なんでそんなまずいモノを今の人が食べたがるかわからん」と言ったお年寄りがいたという噂も聞きました。

団地で生まれたダイニングキッチン

その後、日本は長い戦争の時代に入り、都会は空襲による焼け野原から再出発することになりました。逼迫《ひっぱく》したのが住宅事情です。国は住宅の建設を支援すると決め、一九五〇（昭和二五）年の住宅金融公庫法、翌年の公営住宅法、そして日本住宅公団法を一九五五年に成立させ日本住宅公団を設立します。住宅金融公庫（現住宅金融支援機構）は家を建てられる所得層の人たち、日本住宅公団の建物に入るのは都市部のサラリーマン層、そして公営住宅は低所得者層を対象にしていました。

日本住宅公団が供給した最初の集合住宅が、一九五六年四月に入居を開始した大阪府堺市の金岡《かなおか》団地、次が五月に入居を開始した千葉市の稲毛団地です。以降、公団の集合住宅は「団地」と呼ばれ親しまれます。約四三平方メートル（約一三坪）、２ＤＫや３Ｋの狭い部屋ばかりでしたが、団地の人気はうなぎのぼり、抽選の倍率が一〇〇倍を超えたこともあったそうです。

この団地で導入されたキッチンが、今日私たちが親しむ形のひな型になりました。ダイニングキッチンです。政府はすでに、一九五一年に供給された公営住宅から、食事もできる台所を入れていました。戦前の大阪の長屋では、食事の空間と寝室を分けて暮らしていたことがわかっていますが、本格的に食寝分離が行われるようになったのは戦後でした。

団地のダイニングキッチンは、この空間にテーブルを用意し、食事の空間であることを明確にしました。集合住宅ですから、台所の床は土間ではなく板の間です。流しも立って使えます。立って使える流しとコンロは、大正時代から昭和初期にかけて、主婦雑誌を中心にくり広げられた台所改善運動によって、都会に普及しました。『「モノと女」の戦後史』によれば最初の頃、立って台所仕事をした女性は、「身分が高くなったような気がした」と言っていたそうです。

この立って使える流しの素材に、公団がステンレスを導入したことも大きな改革でした。台所改善運動の頃に流行った、セメントモルタルに石片や砂利などの骨材を入れて左官仕上げでつくった人研ぎの流しは、お手入れしにくくうっかり食器を落とすとすぐ割れました。ステンレス製もなくはなかったのですが、一つ一つ職人が成型するため高価でした。団地は大量供給が前提ですから、発注を受けた菱和工業《りょうわ》(サンウェーブ工業を経て、現在はリクシル)は、試行錯誤で大量生産できる体制を整えました。この苦心の過程は以前、『プロジェクトX　挑戦者たち』(NHK)二〇〇〇年五月二日放送の「妻へ贈ったダイニングキッチン~勝負は一坪・住宅革命の秘密~」でも紹介されました。ステンレス製の流しは、その後広く普及していきます。ゴシゴシこすればすぐ汚れが取れ、丈夫で食器が割れにくいため、今もキッチンで人気の素材です。

『台所から戦後が見える』(朝日新聞学芸部、朝日新聞社、一九九五年)によると、油分やニオイを効率的に排気する換気扇は、少し遅れて一九五九年に開発に成功し導入されましたが、当初は枠だけ設置して希望者に自己負担でつけてもらう形で、公団で本体が採用されたのは一九七〇年以降だったそうです。

団地が次々とできた高度経済成長期、戦後から取り組んできた食糧増産の試みが成果を現し、コメも野菜も肉も魚も潤沢に出回るようになりました。鮮度を保つため、冷凍や冷蔵で運ぶコールドチェーンシステムも整備されていきます。スーパーが生まれ、一カ所で買いものができる便利さから広がっていきます。家電が家庭に入っていくのもこの頃。一九七〇年代になると、九割の家庭に電気冷蔵庫や洗濯機、テレビなどが入っています。

台所革命が起こったことで、つくられる料理も食卓の様子も変化しました。この時代に流行した家庭料理が、洋食と中華です。ハンバーグ、シチュー、カレー、コロッケ、とんかつなどのフライ、ロールキャベツ、グラタン、ギョウザ、チャーハン、酢豚、春巻き、八宝菜など。主菜になるこれらの料理の共通点は、油脂や肉を使っていることです。実は一九五九（昭和三四）年に厚生省（現厚生労働省）が出した「国民栄養の現状　昭和33年度国民栄養調査成績」で、タンパク質や油脂をもっと摂るよう奨励していました。戦中戦後の時代に飢餓状態に陥った人が多かったこと、肉類が高価だったことなどもあり、これらの栄養素が不足気味だった人が多かったからです。

テレビや雑誌などのメディアも、目新しさもあってこうした料理のレシピを積極的に紹介しています。

洋食や中華が日常食になるうえで、見逃せないのが台所の変化です。ダイニングキッチンでは、ガスを使って安定した火力が得られます。フライパンや鍋に油脂を引いて焼く、炒めるなどの料理は、火力が安定していないと生焼けになったり焦げたりしがちです。また、換気扇の登場も、こうした料理をしやすくしました。換気扇がなければ、部屋中に油やニオイがこもってしまいやすくなります。環境が整ったからこそ、この頃の家庭に新しい料理は浸透していくことができたのです。

昭和後期のキッチン事情

奇跡のような高度経済成長期は、一九七三（昭和四八）年に第一次オイルショックが起きたことで終わりを告げました。経済成長には急ブレーキがかかり、企業は省エネや工場のオートメーション化を進めたほか、女性社員をリストラし、パートに切り替えていきます。

パートタイマーという働き方は、企業にとっては人件費が節約できるだけでなく、雇用の調整弁にできて便利です。働く側にとっても、フルタイムで拘束されない働き方は歓迎されました。ご存じのように、当時パートになった従業員の大半は子育て期の女性でした。高度経済成長期に主婦になった女性たちは、稼ぐ役割は夫が、家庭を守る役割は妻が担う性別役割分担を取り決めた人たちです。今だと不思議な感覚かもしれませんが、家事や育児の全責任を担っていた女性が外で働くには、「家のことに手を抜かない」約束を夫にする必要さえあったのです。夫や子どもの弁当を必ずつくるなど、ダブルワークに勤しむために、彼女たちは夕方早く帰ることができるパート勤務が好都合と考えていました。

主婦たちがパートとして働いた主な理由は、二つあります。一つは、家計補助です。夫たちの給料は伸び悩みましたが、子どもの教育費はふえていました。この頃になると、高校進学は当たり前、できれば子どもがエリートコースに乗るために一流大学に入れることも望む親が多くなっていました。今でもそうですが、日本では大手企業に入れば給料が高く社会保障面も充実しています。財産を残してやれないサラリーマン世帯の親たちは、子どもが生活が安定して稼げるエリートコースに乗ることを望んだのです。家は買うもの、という価値観も、住宅ローンが拡充されたこの時期に浸透しています。

もう一つの理由は、女性たちの自己実現欲求の高まりです。前章で、高度経済成長期に三度の主婦論争が起こったことをお伝えしました。主婦の立場が問われたのは、家事がラクになり、子どもの数も少なくなって、時間に余裕ができた人が多くなったからです。

しかも、戦後に人権が認められた女性たちは、母親業を離れて自分自身を生かす場を求めていました。若いときも仕事をしたかったのに、就職差別で断念していた女性たちもいました。この頃は、教師や看護師などの手に職を持つ女性以外は、コネがなければ就職することすら難しいケースが多かったのです。一九七〇年代はウーマン・リブなどから始まる第二波フェミニズム・ムーブメントの真っただ中で、男性と同じように仕事を持ち主体的に生きていきたいと望む女性がふえていました。しかし、まだなお女性の就職への道は険しく、せめてパートで働こうと考える女性も多かったのです。

こうした時代に、まったく仕事をしないで専業主婦でいる女性は、特別な事情があるか、エリート男性の妻であるか、という様相になってきました。昭和後期、妻を外で働かせるのは体面が悪い、とエリート企業に勤める夫から仕事に出るのを止められる女性もたくさんいたのです。

専業主婦のままいることを選んだ、あるいは選ばされた女性たちが、自分を生かすために選んだ道はいくつもあります。環境運動などの社会活動に入っていく、茶道などの趣味を持つ、そして趣味とも関連していますが、家事や子育てに力を入れることです。子どもを私学にやる受験勉強のサポートなど、母親の労力がモノを言う道もありました。

料理は、その中でも成果が見えやすい分野の一つでした。一九七〇年代末から一九八〇年代半ばにかけて、『きょうの料理』や『主婦の友』は、高級路線のレシピも紹介していました。『きょうの料理』の特集では、フランス料理のフルコースをつくる、懐石料理をつくってみるなどの企画がありました。洋食もひと手間かかるものが多かったのですが、さらに手がかかるレストラン料理に挑戦する女性たちも多かったのです。パーティ料理のレシピ本もヒットしています。この頃、高性能なガスバーナー内蔵型オーブンが開発されていました。ローストチキンやミートローフ、ケーキやパンを焼きたいから、とオーブンを導入する家庭がふえたのもこの時期。今でも一九八〇年代に建ったマンションでは、ガスオーブンが入っているものが目立ちます。人気を受け、松下電器産業（現パナソニック）と三菱電機がオーブン機能を持つ電子レンジ、オーブンレンジを発売したのも一九七七（昭和五二）年です。

本格派の西洋料理が人気になったのは、当時はまだ、主婦たちが夫の同伴なしに外食を楽しむことが難しかった時代だったからでもありました。とはいえ、その状況は少しずつ変化し、主婦にとっても外食が身近になっていきます。まだ一ドル三〇〇円程度と円が安かった時代でもあり、海外旅行もおいそれとは行けない中で、日本で本格派の外国料理を楽しみたい女性たちは多かったのだと思います。

『きょうの料理』一九七八年一〇月の懐石料理の企画がきっかけで流行したのが、一汁三菜です。一汁三菜は懐石料理の基本ですが、それが家庭料理の基本形として、一九八〇年代にさまざまな料理メディアが宣伝したのです。折よく、厚生省（現厚生労働省）が一九八五（昭和六〇）年に「健康づくりのための食生活指針」として、一日三〇品目の食材を摂るよう奨励していました。

一汁三菜が流行し定着したのも、台所の変化が影響していると私は考えています。一九七三年にクリナップからシステムキッチンが発売され、一九七〇年代後半に他のメーカーも続々と販売するようになります。一九七三年にはシャープから三ドア冷蔵庫が発売され、一九八〇年代には各社出そろって普及が本格化しました。キッチンが大きくなり始めます。高度経済成長期には、壁つけのI型キッチンかL字型キッチンがダイニングと同じ空間にある家が主流でしたが、この頃になると独立型のキッチンがふえ始めます。システムキッチンと三ドアの冷蔵庫が入ったことで、キッチンの「主婦の城」化が進むのです。やがて、家族がダイニングやリビングでくつろいでいても、主婦だけが参加できないことが嫌がられ、家族とコミュニケーションができる対面式のキッチンが人気になっていきます。

キッチンが少し広くなったこと、冷蔵庫が大型化したことが、手の込んだ料理をつくる、品数をふやすなどを容易にしたのです。

またオーブンがあると、西洋料理のバリエーションがふえ、パン・ケーキなどのベイキングが楽しめます。しかし、あらかじめ火を入れておく、鍋で煮炊きするより加熱時間が長いなど時間がかかることや途中経過がわかりづらいこともあって、主には親子で、あるいは子どもがお菓子づくりをする際に活用された家庭も多かったようです。

平成になって変わったこと

平成になると、対面式のキッチンが広がっていきます。新しい家電も登場します。実は電子レンジがたいていの家庭にある状態になったのは、この平成の初め頃です。ご飯を温め直す以外の用途が見つかりにくかったことから、昭和時代は電子レンジがあまり普及しませんでした。この頃になって普及したのは、『おいしいね　電子レンジ』(栗原はるみ、講談社、一九九三年)などレシピが充実してきたことに加え、電子レンジ対応型の加工食品が登場したことが影響しています。最初に出たのは、一九八五年発売のハウスレンジグルメです。赤飯やケーキ、パスタなど二三品目もあったそうです。

その後、電子レンジ対応の加工食品はふえていきます。昭和の頃、フライやから揚げの加工食品は衣をつけた状態で売られ、家では揚げるだけだったのですが、今は電子レンジで加熱するものが主流です。以前、平成育ちの女性に「昔は揚げるだけの加工食品でした」と話したら、「加工食品の意味がないじゃないですか」と言われたことがあります。それは、揚げる手間がかかり、油が飛び散りキッチンの後片づけが大変になるからです。しかし、電子レンジを使えば汚れはほとんど気にしなくてすみますし、失敗も少なくなります。でも、昭和の時代には、揚げものは料理が苦手な主婦の時短料理だったそうです。焼くより失敗が少なかったからです。しかし、揚げもの自体が平成になるとだんだん廃れていきます。後片づけが大変ですし、家族の人数もへって、一度に大量につくることが前提の揚げものは、生活に合わなくなっていったからです。

平成初期に流行った新しい家電には、フードプロセッサーもあります。料理経験が浅い台所の担い手がふえたことや、多忙な女性が多くなったことが影響し、機械任せで野菜を切るフードプロセッサーが重宝されました。しかし、世紀が変わる頃から切る工程を大幅にへらすスーパーに並ぶカット野菜や、カット済みの冷凍食材のバリエーションがふえていきます。今はそれほど、フードプロセッサーが必要ないのかもしれません。

一方、この一〇年ぐらいでしょうか。ブレンダーやミキサーを駆使して、ポタージュなどの料理をつくる人がふえているようです。調理器具や家電にも流行があり、器具の登場で流行する料理もあるのです。

ここ数年は、家電を駆使したレシピがずいぶんとふえました。コロナ禍で大ヒットした電気鍋は、朝にカット済みの食材などを入れてタイマーをセットすれば、夕食時には料理上手のベテランがつくったかのような、柔らかくておいしいスープや煮ものができているものです。

炊飯器を使って、煮ものなどをつくる方法も紹介されています。日本の炊飯器が台湾に上陸し、独自に進化した電鍋は、蒸し器の機能を兼ねるため、中にセットする穴が空いたプレートがあり、米を炊くと同時にプレートの上で肉や野菜を蒸すことができます。ご飯に食材の出汁もしみ込んでおいしくなります。電鍋があるために、台湾では電子レンジがあまり普及しないという話も聞きます。

日本では、昭和半ばまでは茶碗蒸しやイモを蒸すなどの用途で必要なので、たいていの家庭に蒸し器がありましたが、今は蒸し器を持たない家が珍しくありません。野菜を蒸せば時短でラクに料理できるのですが、蒸すという工程自体なじみがない人もふえているようです。茶碗蒸しを食べない家庭も、今は多いのではないでしょうか。

ホットプレート料理もふえました。最近は、鍋もの以外にも、コンロを囲んで料理しながら食べることが人気で、コンロつきダイニングテーブルまであります。キッチンを巨大化させ、ダイニングテーブルとつなぐようなリノベーションも人気です。共働きの子育て世代がふえた影響もあって家事シェアが求められる時代になり、料理から食べること、片づけることまで家族で一緒にしよう、という潮流があるのです。

キッチンの空間は、持ち家の場合、自分である程度選ぶことが可能です。しかし、賃貸暮らしの人は、用意されたキッチンを使うしかありません。特に一人暮らしの場合、調理台がほとんどない、コンロが一口だけの部屋がたくさんあります。それは、長らく一人暮らしは若い間の一時期だけしかしないし、その時期は料理などあまりしないだろう、と思われてきたからでしょう。しかし近年は、料理したい若い男性も、さまざまな事情で長くシングル暮らしをする人もふえました。そうした中、フライパンや鍋一つだけで調理する、あるいは電子レンジだけでパスタや煮ものをつくってしまうレシピが充実し始めています。それは、一人暮らしの貧弱な設備のキッチンでも、栄養バランスがよい食事をしたい人が多くなっていることを反映していると言えるでしょう。このように、キッチンの環境は食べるモノすら左右するほど、大きな役割を果たしていることがわかります。家庭料理の流行は、こうした環境に左右されて生まれたものと言えるのです。

第六章

一九七〇年代、外食のトレンドと女性たちの変化

A delicious history of modern Japanese food trends.

一九七〇年代のチーズケーキ

ここからは、改めて『日本外食全史』をベースに、外食を中心にトレンドの歴史を確かめていきます。一九七〇（昭和四五）年は女性たちにとって、エポックの年でした。「ウーマン・リブ」と呼ばれた第二波フェミニズム・ムーブメントが始まり、家事を前提としない初めての女性ファッション誌、『ａｎ・ａｎ』（マガジンハウス）が生まれた年です。

「家事を前提としない」というのは、それまで人気だった女性ファッション誌には、洋服の型紙がついていたからです。戦後の洋裁ブームから一九七〇年代頃まで、大勢の女性たちが欲しい洋服を自分で縫っていました。しかし、この頃から既製服が手に入りやすくなり、自作しなくてすむようになっていきます。

日本のウーマン・リブは、一九六〇年代後半の学生運動の中で、女性たちが補助的な役割しか与えられないことへの不満から始まりました。女子大生たちが運動の中にいたのです。それまで、女性は学業を終えると結婚するか働くと思われていましたが、この頃、学生時代と結婚の間に青春時代を過ごせる女性がふえたことから、彼女たちに向けたファッション誌が生まれました。青年男性に向けては、一九六四（昭和三九）年に『平凡パンチ』（マガジンハウス）が創刊されていました。『ａｎ・ａｎ』に続いて翌年、『ｎｏｎ－ｎｏ』（集英社）も創刊され、女性ファッション誌の時代が始まります。これらの雑誌が、萩・津和野、高山といった古い街並みが残る渋めの町への旅案内を掲載したことから、そうした町にこれらの雑誌を手にした若い女性が押し寄せ、彼女たちは「アンノン族」と呼ばれました。ちょうどこの頃、国鉄が旅情をそそる「ディスカバー・ジャパン」キャンペ

『ｎｏｎ－ｎｏ』創刊号（集英社）

「ディスカバー・ジャパン」キャンペーンポスター第一号（鉄道博物館所蔵）

ーンを始めたことも影響したと考えられ、一九七〇年代は「古きよき」日本を再発見した時代とも言えます。高度経済成長で町がすっかり姿を変え、昔の生活に郷愁を抱く人や、失うものに対する危機感を抱く人たちが現れていたことも、こうした流行を後押ししました。

一九七五（昭和五〇）年には『ＪＪ』（光文社）、一九七七年には『ＭＯＲＥ』（集英社）など、次々と若い女性向けのファッション誌が生まれていきます。こうしたファッション誌から一九七〇年代に生まれた食の流行が、チーズケーキです。一九六〇年代以降に、いろいろな店が販売するようになりました。『チーズケーキ本』（昭文社、二〇二〇年）によると、東京の人気ケーキブランド「トップス」の生チーズケーキが一九六五年、神戸の「モロゾフ」がデンマーククリームチーズケーキを発売したのが一九六九年、大阪にあったプラザホテルが、その後人気となるスフレタイプのチーズケーキを発売したのが一九七〇年、赤坂の「しろたえ」が一九七六年、中目黒「ヨハ

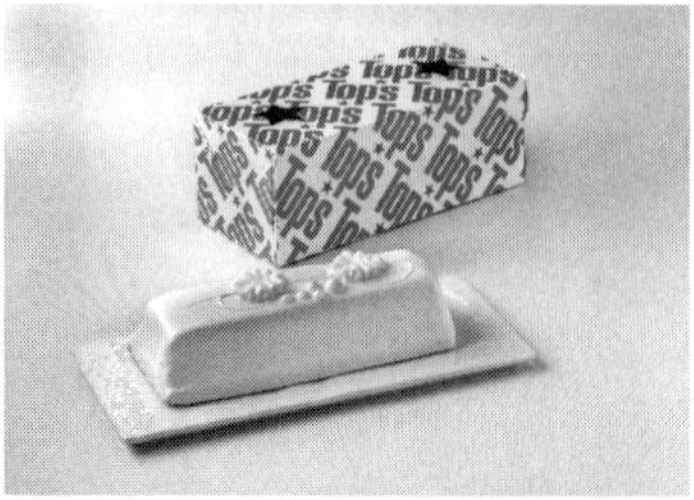

トップスのチーズケーキ（トップス提供）

ン」が一九七八年、同年にはモロゾフがレアチーズケーキを販売しています。

このように、その後定着したチーズケーキが次々と登場したことが、チーズケーキブームのきっかけになりました。『ファッションフード、あります。はやりの食べ物クロニクル1970－2010』（畑中三応子、紀伊國屋書店、二〇一三年）によると、それはクリームチーズなどの新鮮な原料が入手しやすくなったことが要因です。一九七八年一月三一日号の『週刊女性』（主婦と生活社）で、「今はケーキといえばチーズケーキなのだ」という特集が組まれています。ちなみに、女性週刊誌は一九五七年に『週刊女性』、一九五八年に『女性自身』（光文社）、一九六三年に『女性セブン』（小学館）と、一九五〇年代後半から一九六〇年代前半が創刊ラッシュです。女性がメディアから、世の中の動きやトレンドをキャッチしやすくなったことが、流行が誕生する、あるいは広がる力になったのです。

一九七〇年代末頃になると、チーズケーキのレシピ本も登場します。特に技術力が必要なスポンジを泡立てる工程がないチーズケーキは、手軽につくれるお菓子でもありました。

オーブン料理の流行

前章でもお伝えしましたが、お菓子と言えばこの頃、家庭ではオーブンを使ってお菓子やパンを焼く、ベイキングが流行していました。もともと、大正時代に立ったまま使えるキッチンセットが発売され、都市部にガスが普及したことから、コンロの上にかぶせる箱型の「天火」と呼ばれたオーブンが中流家庭で人気になっていました。オーブンがあれば、高度経済成長期の主婦が憧れたローストチキンやグラタンが焼けました。『炎と食　日本人の食生活と火』（大阪ガス　エネルギー・文化研究所、炎と食研究会編、ＫＢＩ出版、二〇〇〇年）によると、一九六六（昭和四一）年に庫内に熱源を組み込んだガスオーブンが登場し、一九七一（昭和四六）年には効率的に加熱するファンつき高速レンジが誕生。家電メーカーからも、一九七七（昭和五二）年、電子レンジと合体させたオーブンレンジが発売されます。

オーブンを入れる家庭がふえたから、オーブンで焼くお菓子やパンも人気になったのです。その流行は主婦だけでなく、その娘の間にも広がりました。お菓子やパンのレシピ本が続々と出版されて人気となります。こうしたベイキングの習慣は、先に産業革命が起こったイギリスやアメリカで主婦がふえた結果、主婦たちによるレシピ開発が進み広がったものです。二〇世紀になる前後を舞台にしたロングセラー小説『赤毛のアン』（ルーシー・M・モンゴメリ著、村岡花子訳、新潮文庫、一九五四年）のシリーズでは、「誰それさんのレシピ」が欲しいとか、教えてもらえなかったといったエピソードがくり返し出てきます。そうした物語も人気だったことから、オーブンで焼くお菓子やパンは、日本の主婦や少女たちにとって憧れの存在でした。スーパーだけでなく、大阪ガスなどの店でも、お菓子の材料や道具などが売られていたものです。ということを知っているのは、私自身がこの頃、ベイキングにハマっていたからです。私の同世代と少し上の六〇代ぐらいの女性たちにはお菓子づくりが好きだった、という元少女がたくさんいます。

あの時代のブームをうかがわせるのが、住宅です。引っ越しのため内見すると、一九八〇年代に建ったマンションには、ガスオーブンが内蔵されたキッチンが目立つことに気づきます。しかし、多くの人はあまり使いこなせなかったらしく、不動産屋から「多分、もう使えないと思います」と言われることも多いのです。実際、この頃ベイキングが流行ったのは結局、ふだんはオーブン料理をしない、できないという女性が多かったからです。母が使わないオーブンを、娘たちが趣味の場として活用したわけです。オーブンがあまり活用されなかったのは、オーブン料理になじみがなかったことに加え、ほかの料理との段取りの違いが大きかったと私には思えます。というのは、オーブンはあらかじめ庫内を温めておく必要があるうえ、鍋で調理するより加熱時間が長いことが多いからです。当時は、効率的に煮込みを加熱できる無水鍋や圧力鍋が流行したので、それらの鍋で煮るより何倍も時間がかかるオーブンは、あまり出番がなかったのだと思います。

外食の話なのに家庭料理の話をしたのは、前章でも少しお伝えしたように、この頃家庭料理の複雑化が進み、グルメブームの始まりを予感させていたからです。一九七〇年代後半は、ベイキングだけでなく、ホームパーティも流行っていました。パーティ料理のレシピ本まで登場していますし、『きょうの料理』も、一九七七年三月に「もてなしのヒント」というパーティ料理の特集を組んでいます。ホームパーティを開けば、ふだん出番のないオーブンでも、ローストビーフやミートローフなどを焼くことができますし、もちろんケーキやクッキーも焼けます。家庭料理のレシピ本では、巻頭でパーティ料理が紹介されることが珍しくなかったのです。

ホームパーティが流行したのは、洋風料理がおしゃれと思われていたからです。それまでも、家庭で来客をもてなし、料理を出すことは珍しくありませんでした。外食できる店は多くありませんでしたし、お父さんが上司などを接待する、後輩を連れてくる、お母さんも友達を招く、子どもも友達を連れてくるなどして、家が社交場になっていたからです。そんなとき、洋風料理を出せれば評判が上がる、ということがおそらく、オーブンやパーティ料理が流行した要因にあると考えられます。

おそらくそうした下地があったからでしょう。前章でもお伝えしたように、『きょうの料理』は何とこの頃、家庭で懐石料理や中国料理の点心、フランス料理のソースをつくるレシピまで紹介していました。ゴマ豆腐やえびしんじょのつくり方や肉まんといった、手のかかる料理も入っています。『テレビ料理人列伝』（河村明子、生活人新書、二〇〇三年）によれば、一九八〇年一月、仔牛のすね肉や骨などから出汁を取るフランス料理の基本ソース、フォン・ド・ヴォーを教えたホテルオークラの小野正吉シェフは、「まあ主婦には無理だな」と言ったそうですが、この頃の主婦には、プロはだしの腕前を磨こうとする人がいたのは事実のようです。

フランス料理から始まった

凝った料理が主婦向けのメディアで紹介されていた頃、巷ではフランス料理が流行し始めていました。一九七〇年代後半から一九八〇年代前半にかけて、フランスで武者修行してきた料理人たちが続々と帰国し、シェフになる、店を開くなどし始めていました。残念ながら二〇一五（平成二七）年に閉店してしまうのですが、フランスの老舗名店、「マキシム・ド・パリ」が銀座に開業したのは一九六六年でした。その頃はまだ、高級ホテル以外の街場のフランス料理店は二、三店しかありませんでした。

『フランス料理ハンドブック』（辻調グループ辻静雄料理教育研究所編著、柴田書店、二〇一二年）が、一九七〇年代の開店ラッシュを年表で紹介しています。列挙してみると、一九七三（昭和四八）年に西麻布で「ビストロ・ド・ラ・シテ」、銀座に資生堂の「ロオジエ」が、山形県酒田に「ル・ポットフー」が開業。一九七四年に銀座に「レカン」、一九七七年に神戸・北野に「ジャン・ムーラン」、神奈川・葉山「ラ・マーレ・ド茶屋」と広尾「プティ・ポワン」、一九七八年に六本木「オー・シザーブル」など、東京を中心に各地で名店が誕生していきます。

フランス修業組が現地から持ち帰ったのは、「ヌーベル・キュイジーヌ」と呼ばれる料理です。それまで高級ホテルで出されていたフランス料理は、二〇世紀の初め、オーギュスト・エスコフィエが確立した近代フランス料理です。この頃に鉄道網が発達したヨーロッパでは、旅行やバカンスが流行し、巨大ホテルが次々と誕生しました。大量の客に迅速に料理を提供するため、システマティックに提供する分業を始め、レシピの見直しを行ったのがエスコフィエでした。

ところが一九六〇年代になると、フランスでも高度経済成長期が始まっています。企業で働くホワイトカラーがふえると、それまでのカロリーが多い料理は敬遠されるようになりました。流通も発達し、新鮮な食材が手に入りやすくなります。ポール・ボキューズなどの新世代の料理人が、新鮮な食材を使い、軽い料理を出すように刷新したのがヌーベル・キュイジーヌです。

そうした料理は、日本人にとっても食べやすく、華やかでした。今の感覚から見ると、エスコフィエの料理が伝統的な宗教画で、ヌーベル・キュイジーヌは印象派です。誰でもわかりやすいことが、おそらく日本でもウケた理由と思われます。

一九七〇年代末頃になると、それらの店で食べ歩きすることが流行し、女性たちも通うようになります。日本でおそらく最初に、地元食材を使う地産地消型のレストランを擁するようになった三重県にある志摩観光ホテルには、一九七〇年代後半以降、海外のグルメや有名料理人もわざわざ訪れるようになっていました。ジョエル・ロブションやポール・ボキューズなども顧客です。政財界人や文化人も訪れ、小説家の山崎豊子は『華麗なる一族』（新潮社、一九七三年）で、このホテルのレストランの場面を描いているほどです。当時の高橋忠之料理長は、フランスで武者修行した経験はありませんでしたが、だからこそ斬

オーギュスト・エスコフィエ（日本エスコフィエ協会提供）

新な発想で、アワビのステーキといった地元の食材を使ったフランス料理を考案できたのだと思います。当時は、フランスからフォアグラを取り寄せるなど、なるべく忠実にフランスの料理を再現することが当たり前でした。今は、日本各地の地元食材を使ったフランス料理やイタリア料理を出す店が珍しくありませんが、高橋シェフはそうしたことを始めたパイオニアの一人だったと言えます。

志摩観光ホテルには、女性の客もたくさん来ていました。彼女たちは、ふだん節約してお金を貯め、わざわざホテルを訪れてグルメを堪能していました。こうした女性たちが登場したのは、一九七〇年代後半から一九八〇年代にかけて、仕事を持つ女性がふえていたからです。

一九七〇年代の女性たち

時代背景を説明しましょう。先ほど、この頃の『きょうの料理』では、高級料理を紹介していたとお伝えしました。実は、高級料理以上によく紹介されていたのが時短料理です。一九七七年から「忙しい人のために」というシリーズが始まっていました。缶詰料理の特集もあります。時短料理で名を馳せた料理家の小林カツ代も登場し、さまざまな時短の技を披露します。こうした料理が流行ったのは、パートやフルタイムで働く既婚女性がふえ、料理に手をかける余裕がなくなったからです。

高度経済成長期には、『主婦の友』、『主婦と生活』（主婦と生活社）などの四大主婦雑誌が合わせて二〇〇万部超えの人気ぶりでしたが、次第に売れ行きが落ちていきます。女性誌でレシピを拾わなくなっていた女性たちに向けて、一九八五（昭和六〇）年に創刊されたのが『オレンジページ』（オレンジページ）です。最初は月刊誌でしたが、何十万部も売れる人気雑誌となり、一九八八年には月二回の発行となります。一九八一年に『ＥＳＳＥ』（扶桑社）、一九八三年に『ＬＥＥ』（集英社）、一九八七年に『ＭＩＮＥ』（講談社）、一九九〇（平成二）年に『すてきな奥さん』（主婦と生活社）、とこの頃新しい主婦向け雑誌が続々と創刊されて旧来の主婦雑誌は売れなくなり、やがて休刊していきます。

この間に何が変わったかというと、世代です。従来の主婦雑誌は、主婦としての心得も

『オレンジページ』創刊号

説きつつ、生活全般にわたる情報誌の役割を果たしていました。料理でいえば、愛情をこめて料理すること、夫に喜ばれるための心得なども伝えます。そうした説教っぽいところが、新しい世代の主婦にはウケなくなっていました。一九八〇年代から一九九〇年代にかけて創刊された主婦向けの雑誌には、そうした説教臭い要素はなく、実用に徹する、あるいはおしゃれなライフスタイルを紹介することに力を入れていました。栗原はるみや有元葉子のように、ライフスタイルも憧れの対象になる料理家が生まれていきます。

そうした変化は、一九六〇年以降の豊かな時代に生まれ育った世代が主婦になり始めたこともありますが、外で働く女性が一般的になったことも影響していると考えられます。一九八〇年代になると、会社員経験のある主婦がふえますし、主婦業を極めるより、自分で稼ぎたい、社会で認められたい、と考える女性がふえていったのです。

一九七〇年代、女性たちは目覚め始めていました。フェミニズム・ムーブメントに関わったのは、女子学生だけではありません。主婦も含めて、さまざまな草の根のグループが活動を行い、ＺＩＮＥのようなミニコミのフェミニズム雑誌も発行していました。また、二〇代の女性に向けた『ＭＯＲＥ』が、一九八〇（昭和五五）年に日本で初めて女性たちに性の悩みなどを聞いた「モア・リポート」を発表します。アメリカのフェミニズム・ムーブメントで発表され、日本でも一九七七年に翻訳出版された『ハイト・リポート』（シェアー・ハイト著、石川弘義訳、パシフィカ）に触発されて行われたものです。

また、『クロワッサン』の『クロワッサン症候群』（松原惇子、文春文庫、一九九一年）によると、一九七七年創刊の『クロワッサン』（マガジンハウス）も翌年から一九八〇年頃にかけて、女性の自立をテーマにした特集を組みます。「離婚志願」というドキッとするような特集もありました。フェミニズム・ムーブメントの中で、自分らしく生きるには経済的自立が必要、と気づく女性がふえていきます。日本では、一九五五年から一九七二年にかけて三度の主婦論争がくり広げられたこともあり、主婦である意味を問い直す女性もたくさんいたと思われます。

一九七五年の日本の専業主婦率は、五六・四パーセントがピークで、その後は仕事を持つ既婚女性が多数派になっていきます。同時に少子化も始まります。夫がサラリーマンで妻が主婦、子どもは二人という高度経済成長期の典型は、実はこんなに早く崩れ始めていました。

一九七五年に専業主婦率が最も高かったのは、一九七三年秋に起こったオイルショックにより、企業が既婚女性を真っ先にリストラしたことも影響しています。この頃から、既婚女性をパートタイマーとして雇う企業がふえていきました。

パートタイマーは時給が低く、社会保障もない場合がある、いつでも首切りされる危険があるなど、従業員にとっては不利な働き方でしたが、正社員の職は門戸が狭く、しかも当時は時短勤務で働くことは困難で、主婦業のかたわら働くのは難しかったのです。

晩婚化も少しずつ進み、仕事を続ける女性もふえていきます。オイルショックによって、つくれば売れる時代ではなくなったことも影響していました。この頃にはもう、必要なものはひと通り行き渡ったのではないでしょうか。しかし、企業はモノを売り成長を続けなければ存続が難しくなります。営業が厳しくなり、男性の労働時間が延びていきます。新しいアイデアを、女性たちに求める企業も出てきました。営業職や企画職に女性を登用する先進的な会社が出てきたのが、この頃です。

このように、自分で稼いだお金を持つ女性たちがふえていたことが、一九七〇年代後半から始まったグルメブームを支えていました。はっきりした目標を持たず結婚しないで働く女性たちは、自分探しをする「クロワッサン症候群」と揶揄《やゆ》されるのですが……。

なぜ主婦たちは料理にハマったのか

とはいえ、自分でほかのことに使うお金を節約してまで、グルメを楽しむ女性は少数派です。フルタイムの仕事を持つ女性がそもそも少数派でしたし、必要なモノも含めて消費を我慢するのも大変です。既婚女性であれば、自分だけがグルメを楽しむわけにもいきませんでした。この頃は、子どもを産んで教育費をかけ、できるだけ経済的にも社会的にも困らない立場に導くことや、家を建てる目標を持つことが当たり前とされていた時代でもあり、お小遣いで外食することをためらう主婦は多かったと思います。ですから、雑誌に載っているおいしいものを食べたい欲求を、テレビや雑誌、レシピ本で紹介されるレシピを見ながら自分でつくって満たそうとする女性もいたと思います。

難しい料理に挑戦する人がいたのは、主婦たちが成長欲求をくすぶらせていたからでもあったのではないでしょうか。人は、誰でも成長を願います。成長どころではないほど疲弊していたり、抑圧されていて自己評価がとても低かったりすると、自分が成長したいとは思わないかもしれませんが……。この頃主婦業を担う女性たちには、時間的なゆとりがありました。雑誌その他の情報も得られます。自立を促す情報を読み、目覚めた人も多かったことでしょう。

ベイキングだけでなく、パッチワーク、人形づくりといった手芸も流行りました。働くことを制限されていた主婦の中に、こうした趣味で、自分の成長欲求を紛らわした女性もいたことでしょう。一部の企業が女性の登用を始めていたとはいえ、まだまだ女性が思う存分力を発揮し働くことは困難な時代でした。また、社会運動などに力を注ぐ女性たちもいました。家電が家事をラクにし、子どもの数も少なくなったこの時代、エネルギーを持て余す主婦はたくさんいたのです。そうした女性たちの孤独ぶりをルポした『妻たちの思秋期』（斎藤茂男、共同通信社）が出てベストセラーになるのは、一九八二（昭和五七）年でした。

先ほど、主婦たちが外食するのは実は困難だったという話をしました。しかし、時代が進み、バブル期になるとフランス料理店でランチを楽しむ主婦が多くなっていたことを、『Ｈａｎａｋｏ』が伝えています。新しくできたフランス料理店の中には、日本人にもっと親しんでもらおうと、ランチをリーズナブルに設定する店もありました。ハードルを下げる試みにのった主婦もたくさんいたのです。『Ｈａｎａｋｏ』一九八八年一一月二四日号に「マダム・デジュネが殺到している高級フランス料理店14軒！」という見出しの特集があります。ランチを楽しむ主婦たちを、「マダム・デジュネ」とフランス語で呼んだのですね。

また、当時一世を風靡《ふうび》した連続ドラマ『金曜日の妻たちへ』（ＴＢＳ系）の小林明子の「恋におちて」が歌われた第三シリーズでは、仲良し四人組の主婦たちが、しょっちゅうホームパーティを開いているのですが、相談があるときに、スーパーの近くのカフェで待ち合わせする場面があります。一九八〇年代半ばになると、自由に外を歩き飲食店にも堂々と入る主婦がふえていくのです。
こんな説明をすると、今の人には驚きがあるかもしれません。しかし、一九七〇年代ぐらいまでの主婦は、用事があるとき以外はめったに家を空けませんでした。昔の家はカギを内側からかけるものだったため、誰かが留守番していることが必要でしたし、常に家にいて誰かを迎えるのも主婦の役割の一部だったからです。団地の導入がきっかけで外からカギをかけられるシリンダー錠をつけた家がふえ、留守番の習慣の縛りが解けていくのがこの時代です。そのことが、外食を気軽にできる時代を進めていったのかもしれません。

ところで、一九七〇年は「外食元年」と言われました。別名「料理博覧会」と呼ばれたほど、レストランほかの飲食が充実していた大阪万博が開催された年です。国民の二人に一人が行った大盛況の博覧会で、初めてインド料理やロシア料理を食べた人がたくさんいました。また、一九六九年に第二次資本自由化が行われて、外資系の外食チェーンが日本に上陸できるようになりました。ケンタッキー・フライド・チキン、マクドナルドなどのファストフード、すかいらーく、ロイヤルホスト、デニーズといった、アメリカに学んだ、あるいはアメリカから導入したファミリーレストランのチェーンも続々開業します。こうしたチェーン店がふえ、都市郊外に住む人たちが気軽に利用できるようになっていくのが一九八〇年代です。

ファストフードは、当時の価格では決して安いとは言えませんでしたが、中高生が気軽に入れる店は貴重でした。また、ファミレスはリーズナブルで、家族連れが気軽に入れます。マニュアルをつくり、均質なサービスと商品を提供するチェーンの飲食店は、料理の大量生産システムと言えます。高度経済成長期に発展したのは、さまざまな商品を大量生産し大量流通させ安く提供するシステムです。大きく変わる時代に翻弄される人々は、人と同じ商品を手に入れることで安心しました。そうした中に、チェーン店もあったのです。そして、チェーン店が登場したおかげで、子どもや主婦も自分で気軽に入れるようになって、女性がその後のグルメブームを支える土台になるのです。

1971年、銀座三越１階に出店したマクドナルド１号店（日本マクドナルド提供）

第七章

一九八〇年代、「エスニック」料理ブーム

A delicious history of modern Japanese food trends.

『Ｈａｎａｋｏ』の登場

本章では、主に『パクチーとアジア飯』（中央公論新社、二〇一八年）で書いたことをベースに、一九八〇年代のアジア料理の流行についてお話しします。一九八八（昭和六三）年に創刊された首都圏情報誌の『Ｈａｎａｋｏ』は二〇世紀末、食トレンドの中心にある雑誌でした。特にバブル期には、この雑誌を片手に歩く女性たちが街にあふれ「Ｈａｎａｋｏ族」と呼ばれる社会現象になりました。掲載された店に長い行列ができ、若い女性はもちろん、彼女たちとコミュニケーションを取りたい上司の男性も、この雑誌を読んで研究したと言われています。

一九八六年に施行された男女雇用機会均等法により、男性と同じように働く女性がふえ始めていました。自分のお金、自由な時間を持つ独身女性たちにとって、情報誌は強い味方でした。インターネットで手軽に店情報を検索できる今と違い、当時の店探しは口コミが中心でした。もちろん、女性誌はしばしば飲食店紹介をしましたし、『東京いい店うまい店』（文藝春秋）シリーズなどのグルメガイドもありました。しかし、女性誌で紹介される数は少ないですし、グルメガイドは男性を読者に想定していて、必ずしも女性の好みには合っていませんでした。

この情報誌は女性向けの週刊誌で、二〜三回に一度はグルメ特集。一冊で一〇〇を超える店を紹介することもよくあったのです。『Ｈａｎａｋｏ』が成功したことで、その後さまざまなグルメ情報誌が登場します。『東京ウォーカー』（ＫＡＤＯＫＡＷＡ）など、全国各地で発行されるようになった地域情報誌もあります。

グルメ情報誌の登場以前、本当に信頼できるおいしい店は、接待などで飲食店を活用し財布の中身も豊かなベテラン男性たちがくわしく、女性たちはそうした大人に連れて行ってもらうことで、グルメの世界に触れました。その意味で、情報誌の登場は女性たちをグルメの世界で自立させたと言えます。一人で、友人と、恋人と、自分で選んだ店に行くことができるようになったのですから。

『Ｈａｎａｋｏ』に勢いがあった時代、くり返し特集を組んだのが「エスニック」料理でした。最初は創刊直後の一九八八年六月二三日号で紹介しています。

日本では一九七〇年代から、先進国以外の国や地域への関心が高まり始めていました。一九七二（昭和四七）年の写真家、藤原新也による『インド放浪』（朝日新聞社）などのルポ、一九七八年の「飛んでイスタンブール」「ガンダーラ」、一九七九年の「異邦人」などのヒットソング、一九八〇年に放送を開始したドキュメンタリー番組『シルクロード』（NHK）などが人気を集めました。東京や大阪でインドなどから輸入した洋服や雑貨を売る店も登場。欧米ブランドにはない柄のシャツやスカート、アクセサリーがおしゃれ、と身に着ける女性がふえていたのです。料理はそうした流行に続いて広がったと言えます。一九八〇年代半ば、雑誌や新聞などが人気ぶりを紹介していました。

この頃、アジアの料理がブームになったのは、一九八五年のプラザ合意以降、円高が急速に進んだことで内外価格差が大きくなり、アジアから仕事を求めて日本に来る人たちがふえてきたことが背景にあります。日本でひと稼ぎすれば家計を助けて家も建てられました。また、バブル景気で空前の人手不足になったことから、生産現場や建設現場、飲食店などで働く外国人がふえました。一九八〇年代に来た人たちの多くが不法就労者だったことから、政府や経済団体、メディアなどで外国人労働者の受け入れに関する議論が活発になり、一九九〇（平成二）年に日系移民と専門能力や技術を持つ外国人を受け入れる、改正入国管理法が施行されています。また、日系三世とその配偶者および未婚未成年の子に関しては、定住者の在留資格が付与されることになったため、ブラジルなど南米からの日系移民が急増します。中小企業でも研修生を受け入れることができるようになり、一九九三年には外国人技能実習制度が創設されました。

また、この頃アジア人が日本にふえたのは、東南アジアでの内戦が終わって復興期に入ったことや、民主化が始まったことが影響していると思います。一九七〇年代、韓国は独裁政権下でしたし、台湾は長い戒厳令下にありました。

外国人の急増ぶりは、当時の『Ｈａｎａｋｏ』に連載されていた、高野文子の漫画『るきさん』（筑摩書房、一九九三年）にも描かれています。堅実な生活を送る主人公のるきさんが、珍しく新宿でショッピングをして休憩しようと入ったピザ店でまごついていたところ、店員たちから「最近　うちの店　アジア系の人　増えたような　気がする」と噂されるのです。るきさんが外国人と間違われたのですね。そのぐらい、当時の新宿ではアジア系の人が目立つようになっていたことがうかがえます。新宿の隣は、コリアンタウンとして名高い大久保です。大久保が急速にアジアタウンに変貌していったのが、一九七〇～一九八〇年代です。『オオクボ　都市の力　多文化空間のダイナリズム』（稲葉佳子、学芸出版社、二〇〇八年）によると、台湾では一九七九年に海外旅行が自由化されました。韓国もこの頃から出国しやすくなり、ホステスなどが多く来日した結果、韓国の教会や食堂、美容院、チマチョゴリの店などができていきます。韓国が海外旅行を完全自由化したのは一九八九年でした。

大久保がアジアタウン化したのは、ホステスたちの職場であるクラブなどが多い歌舞伎町から徒歩圏内だったことや、隣の北新宿エリアに、留学生の日本語教育を行い宿舎を提供する国際学友会日本語学校という老舗の施設があったことが大きいです。一九八〇年代後半になると、このあたりに続々と日本語学校ができ始め、その周辺に残っていた古い木造アパートなどに留学生たちも住むようになっていきました。

アジア料理流行の背景

ところでこの当時、アジアの料理が「エスニック」料理と呼ばれ、アジア雑貨が「エスニック」雑貨と呼ばれたのはなぜだったでしょうか。最近では、外国料理のジャンルが細分化されてきたこともあり、「ベトナム料理」「タイ料理」など個別の国名を使うか「ベンガル料理」など、地方の名前で説明する店も多くなったように思います。

「エスニック」という言葉には、「民族的」という意味があります。英語では、少数民族や伝統的なモノに対して使われていました。欧米で使われる場合は、日本も入りました。

主流の文化の自分たちとは違う風俗・習慣を持つ人たちのモノ、という差別的なニュアンスがあります。私が文章で当時の流行現象として書く場合は、鍵カッコをつけて「エスニック」としています。

料理に関しては、当時の『Ｈａｎａｋｏ』をめくってみると、アジアだけでなく、メキシコなどの中南米、ヨーロッパの小国などの店も含めていたようです。フランスやイタリアなどＧ７に入るような主要先進国と中国以外のすべて、日本人にはあまりなじみがなかった国や地域の料理を「エスニック」料理、と当時は呼んでいたようです。

実は、「エスニック」料理ブームは、同時期に欧米で始まっていました。きっかけは、ベトナム難民が流入したことです。日本へも一九七〇年代後半、「ボート・ピープル」と呼ばれた、ベトナム・カンボジアからの難民がやってきていました。ご存じのように、ベトナムでは一九六五（昭和四〇）年にアメリカが北爆を開始したことから、アメリカとソ連の代理戦争としてベトナム戦争が本格化し、一九七五年まで続きました。カンボジアも巻き込まれ、親アメリカ政権に対抗する内戦が勃発しています。戦争が終結し南北に分かれていた国を統一したベトナム政府は、社会主義化を図ります。その際、南ベトナム在住の中国系移民に、山岳地帯への入植か海外出国を迫り、出国を選択した人たちを着の身着のままで老朽化した漁船などに乗せ、国から追い出したのです。

日本でも、この「エスニック料理」ブーム以前、東京都内にあったベトナム料理店は、ボート・ピープルだった人たちが開いた店がほとんどだったそうです。代々木には、一九八二（昭和五七）年に開業したカンボジア料理店、「アンコールワット」がありますが、この店を開いたのは、カンボジア難民のゴ・ミン・トンさんです。ちなみに、戦後開いたインドネシア料理店のオーナーは復員兵だった人たちが中心で、老舗のアジア料理の店には、戦争が影を落としていることがわかります。

アメリカで始まったエスニック料理ブームには、ボート・ピープルの流入以外にも要因があります。一九五〇年代から一九六〇年代にかけて起こった公民権運動の余波もあり、黒人の権利についての意識が高まったことや、ブラック・ミュージックの新しい運動が始まっていたことが影響していました。「キング・オブ・ポップ」の異名を取ったマイケル・ジャクソンも、こうした中で登場したミュージシャンの一人です。黒人とその文化の見直しが進むうちに、ヨーロッパ以外の移民文化に関心を持つ人たちがふえていました。また、国が一九八〇年以降、栄養バランスのよい食事の目安を伝える「アメリカ人のための食生活指針」を定め、日本食などのアジア料理がヘルシーとして注目されました。

フランスの場合、インドシナ半島の旧宗主国であったことも、ボート・ピープルの流入につながったと考えられます。移民・難民たちの中で、自分たちの祖国の料理を同胞に食べさせる飲食店を開く人たちがいて、その料理に関心を示す現地の人たちの間で、アジアの料理が人気になっていきました。

日本の場合、ブームになり始めたから、とタイから料理人を連れてきて、日本人が店を開くことも多かったようです。タイ料理は一九八〇年代半ばから、グリーンカレーやレッドカレーなどを中心に、和食にはない辛さとスパイシーさが注目されて大人気になります。ホーリーバジルなどのハーブも、日本人にはなじみがなかった珍しさがウケたのです。レモングラスが入った辛いスープのトムヤンクンも人気でした。

興味深いのは、この頃人気になったタイ料理は、特にハーブの香りが強く辛さも強い、和食とかけ離れたテイストのものだったことです。二〇一〇年代後半にもアジア料理がブームになっていますが、その際は、豚ひき肉を使ったガパオライスや、鶏肉をのせたカオマンガイ（海南チキンライス）など、ご飯に合う比較的和食に近い料理が流行っています。その違いは、日本の勢いの違いを反映しているように私には思えます。

一九八〇年代、日本は経済大国としての地位を確立し、オイルショック後の不況で苦しむ欧米をしり目に、経済発展を続けてやがてバブルに突入します。もしかすると、最も日本が繁栄した時代だったかもしれません。そんな中、日本人もチャレンジ精神が旺盛になり、未知の食文化への関心も強まっていたのではないでしょうか。また、若者の間では、作家の沢木耕太郎が一九八六年、二六歳のときの世界放浪を描いた『深夜特急』（新潮社）を刊行して若者のバイブル化し、アジアなどへ放浪する人がふえていました。

もう一つ、一九八〇年代に人気が高かったのがインド料理です。それまで、日本人にとってカレーといえば、イギリス経由で入ってきたおなじみのルウのカレーでした。しかし、インド料理店で出されるモノは、ナンがついてきて、一度に二種類、三種類も食べられる。バターチキンカレー、ホウレンソウやマトン、豆などが入ったカレーは未知の体験でした。しかも、日本人がなじんできたカレーに比べてずっとスパイシーで辛い。インド移民が中心になった店が、都会にふえ始めていました。

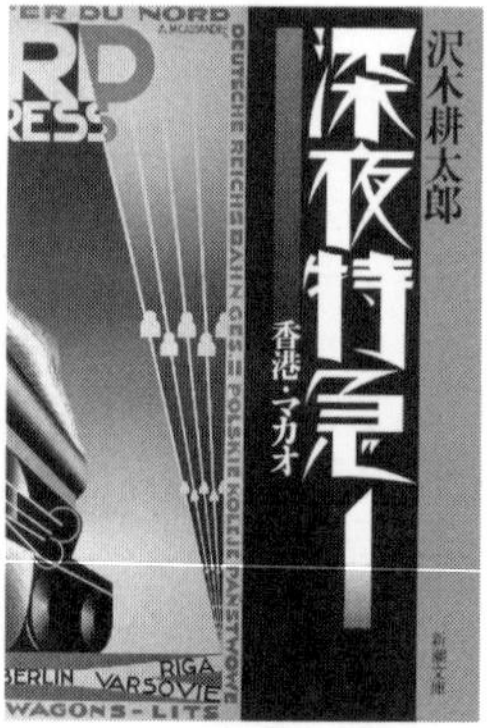

『深夜特急1—香港・マカオ』沢木耕太郎著、新潮文庫

激辛ブーム

この頃、辛いタイ料理やインド料理が流行ったのは、激辛ブームが起こっていたことが影響があると考えられます。『ファッションフード、あります。』によれば、一九八四年、ポテトスナックの「カラムーチョ」やインスタントラーメンの「オロチョン」、木村屋總本店の「辛口カレーパン」が発売され、激辛ブームが始まりました。ほかにも、ブームに便乗した商品が続々と発売され、一九八五年には唐辛子の輸入量が倍増したそうです。

カレーでも激辛がブーム。というのはこの頃、「ボルツ」という辛さのレベルを三〇段階で選べるカレーチェーン店がふえて人気になっていたからです。運営するのはレストランビジネスの会社で、一九七三年にスパイス輸入会社を興して翌年からボルツの展開を始めていました。一号店は渋谷で、全国に展開していきました。すると、カレーの辛さを選

一九八四年発売当時の「カラムーチョ」（湖池屋提供）

べる店が次々と誕生したのです。

激辛ブーム以前、日本のカレーはそれほど辛くないのが一般的でした。しかしブームの影響で、辛さが強めの料理や食品を好む人たちがふえていきます。唐辛子の辛さにはやみつきになるところがあり、慣れればさらに辛い刺激を求めるようになっていきます。カラムーチョは発売当初、若者たちの間で罰ゲームに使われたほどですが、今このスナック菓子を激辛と思って食べる人はそれほどたくさんいないと思います。それだけ、日本人は辛い味に慣れたということです。ちなみに、このスナック菓子は当初、スーパーではなかなか売れなかったので、若者がよく利用するコンビニで発売し、ようやく人気に火がつきました。

一九九〇年代半ばになると、ベトナムへの直行便が就航し、今度はベトナム雑貨、続いてベトナム料理が流行していきます。ベトナム料理で特に人気が高かったのは、フォーと生春巻きです。フォーの専門店もできました。また、二〇〇〇年にリニューアルオープンした渋谷の東急東横店のデパ地下で販売されたのが、テナントとして入っていたベトナム料理店の老舗「サイゴン」の生春巻きで、女性たちの間で大人気となりました。この店が生春巻きブームの発祥と言えるかもしれません。

ベトナム料理は、タイ料理やインド料理ほど辛くないモノが多く、野菜をたっぷり使うのでヘルシーな印象があります。ベトナムは、一〇〇〇年の長きにわたって支配してきた中国や、その後植民地化したフランスという、世界三大料理のうち二つの影響を受けていますので、考えてみたら料理がおいしいのは当然かもしれません。

身近になったアジア食材

今は、ここまで挙げてきたアジア料理を、食べたことがある、よく食べるという人は多いのではないでしょうか？　ブームが終わった後も、アジア料理はすたれることなく定着していきます。特にインド料理店は、今や全国各地の飲食店街にそれぞれ一店以上あると言ってもおかしくないほどです。

当時のブームの頃は食材の輸入にも苦労があり、錦糸町にあるタイ料理店の「ゲウチャイ」などは、輸入商社を立ち上げた会社がその後に展開したレストランです。当時のアジア各地の料理を掲げた店は、必ずしも安い飲食店ではありませんでした。しかし今は、アジア料理店と言えば気軽に入れるリーズナブルな店という印象になりました。食材が手に入れやすくなったからです。

最近、現地出身の移民が開くインド食材店、中国食材店、アジア食材店などが商店街の一角にある町がふえました。アジア料理好きの中には、スーパーに並ぶ日本のブランドの食材や調味料より割安な外国ブランドの製品が並ぶ、これらの店で買いものをする人もふえています。平成のコメ騒動と言われた一九九三年の冷害によるコメ不足の折は、緊急輸入したタイ米が「くさい」と敬遠され、ニュースになるほどでしたが、最近はタイやインドの香りが高い長粒米を好んで買う日本人もふえてきています。一九九三年の際は、日本の短粒米と同じように炊いて和食と合わせようとしたことや、ブームとは言ってもアジア料理になじみがない人も大勢いたことから、独特の香りに違和感を覚えた人は多かったかもしれません。しかし、今そうしたコメを買う人たちは、カレーやチャーハンなどアジアの料理に合わせているかもしれません。中華料理店のようなパラパラチャーハンに憧れる人は多いですが、実はこうした長粒米を使えば、かんたんにパラパラチャーハンをつくることができます。

アジア食材店が確実にあるのは、インド人街、新チャイナタウンなど、外国出身の人たちが多く住んでいる街です。特に池袋の北口エリアや西川口の新チャイナタウンは有名で、テレビでも何度も紹介されました。ほかにも、埼玉県の八潮《やしお》市や富山県の射水《いみず》市にパキスタン人が多く、群馬県の太田市と大泉町《おおいずみまち》に日系ブラジル人が多いことが知られています。

移民が集まる街には、彼らの仕事があります。パキスタン人は中古車の輸出に携わる人が多いのですが、八潮市には中古車のオークション会場があり、射水市は輸出港の富山港が近いのです。太田市と大泉町にはスバル製造工場があります。

また、東京周辺でアジア人が集まる街は、都心に近い割に家賃が安い場所が多いのです。西川口がそうですが、もとは風俗街だったため、日本人は敬遠するような建物に中国人が住むようになったところもあります。

特に中国人、ベトナム人、ネパール人が二〇一〇年代後半に急増しています。技能実習生だけでなく、留学で日本に来てそのまま就職する人も多いですし、日本は人口の数パーセントを外国人が占めるほどになりました。

アジア人が多く住む場所には、彼らの生活必需品を扱う店がふえていきます。アジア食材店ができるのも、彼らが日々料理に使うからです。そして、同胞が集まる郷土料理としてのアジア料理の店ができます。欧米で一九

輸入食材が並ぶインド食材店の店頭（著者撮影）

七〇～一九八〇年代に起こったエスニック料理ブームと同じように、日本でも今度は、アジア人が開いた本格派の料理を求めて集う日本人が出てきました。

昭和にできたアジア料理の店は、彼らの同国人が少なかったこともあり、日本人に受け入れてもらうことが必要でした。当時の日本人は、まだ外国由来のハーブやスパイスの独特の香りに慣れておらず、辛さにも弱かった。だから、できるだけ日本人に好まれるようにスパイスやハーブも、唐辛子も控えめにしていた店が多かったのです。先ほど挙げたサイゴンは、日本人に人気の店として一九九〇年代に銀座エリアで二店も支店を開いたほどでしたが、ベトナム出身の私の知人は、「あんなのはベトナム料理じゃない」と顔をしかめます。

しかし、最近次々とできるアジア料理の店は、本格派なのに日本人にも受け入れられている。しかも、あえてそうした味を求める日本人たちがいる。その要因は、日本人の嗜好と味覚が変わったことです。先ほど、カラムーチョを激辛と思う人がへったという話をしました。辛い料理を好む人だけでなく、ハーブやスパイスに慣れた人もふえました。バジルがシーズン中に、束で売られていることも珍しくありません。

特に普及したのがパクチーです。パクチーは昭和期、日本での呼び名が一定していませんでした。中国料理では「香菜」と書き、中国語読みの「シャンツァイ」で呼ばれることもありました。独特の香りが「カメムシみたい」と嫌がる人は今でも多いです。これが大ブームとなったのが、二〇一六（平成二四）年です。パクチー料理というジャンルを新たに開発し、看板に掲げる飲食店がふえていきます。『きょうの料理』のテキストではこの年の特集で初めて、「香菜」ではなく、「パクチー」と表記しました。パクチーブームが一つの象徴と言えますが、いつの間にか、アジア料理の独特の香りを楽しむ人がふえていたのです。香りの一つはタイ料理の魚醤のナンプラーですが、その調味料を台所に常備する人も珍しくなくなりました。

日本人がアジアの料理に慣れたのは、外食店として身近になり親しむようになったことに加え、現地へ行った経験のある人が多くなったからです。一九九〇年代、円高になった日本人の海外旅行客はうなぎのぼりにふえ、比較的安く旅行でき距離的にも近いアジアは、人気の旅行先になりました。一九九五年にベストセラーになった『アジアン・ジャパニーズ』（小林紀晴、情報センター出版局）は、アジアに放浪旅をしている日本人をルポした本ですが、アジアを中心に世界各地を放浪する日本人や、アジアに移住する日本人がたくさんいたのです。また、中国から始まり、アジア各地に工場を持つ企業もふえました。最近は飲食チェーン、コンビニ、百円ショップなど、アジアで見慣れたブランドを見かけることも珍しくありません。日本企業が進出しているということは、仕事で現地に住む、あるいは頻繁に行き来する日本人がふえたということです。こうして、さまざまな回路を通して、すっかり現地の味に慣れた日本人が多くなっていたのです。

最近は、家庭でアジアの料理をつくる人もふえました。人気のレシピ本には、ガパオライスや韓国のスンドゥブチゲなど、アジア料理も入っていることが珍しくありません。今は、スーパーで売られている合わせ調味料のシーズニング・ミックスとしても、その調味料を加えるだけで本格派になる商品がたくさんあります。

スパイスカレーの誕生

日本人がスパイスに慣れただけでなく、使いこなすようになってきたことを象徴するのが、ここ数年ブームのスパイスカレーです。スパイスカレーは、大阪で一九九二年にアメリカ村で音楽ユニット、エゴ・ラッピンの元メンバー後藤明人が創業した「カシミール」という店が発祥です。世紀の変わり目ぐらいに続々とスパイスカレー店がふえ、二〇一一年には『ｄａｎｃｙｕ』で紹介され、二〇一七年には大阪の店が東京に進出してブームになっていきました。今は全国各地にスパイスカレー店ができていますし、レシピ本が何冊も出版されています。

料金受取人払郵便

中京局
承認
6239

（切手不要）

差出有効期間
2025年6月15日まで

〒604-8790

025

〈受取人〉
京都市中京区梅忠町9-1

株式会社
青幻舎
行

お名前（フリガナ）	性別	年齢
	男・女・回答しない	歳

ご住所　〒

E-mail	ご職業

青幻舎からの
新刊・イベント情報を
希望しますか？

□する　□しない

読者アンケートは、弊社HPでも
承っております。

最新情報・すべての刊行書籍は、
弊社HPでご覧いただけます。

青幻舎　検索

https://www.seigensha.com

読者アンケート

ご記入いただいた個人情報は、所定の目的以外には使用いたしません。

〈プライバシーポリシー〉https://www.seigensha.com/privacy

買い上げの書名 | ご購入書店

書をご購入いただいたきっかけをお聞かせください。

□ 著者のファン　□ 店頭で見て

□ 書評や紹介記事を見て（媒体名　　　　　　　　　　　　）

□ 広告を見て（媒体名　　　　　　　　　　　　）

□ 弊社からの案内を見て（HP・メルマガ・Twitter・Instagram・Facebook）

□ その他（　　　　　　　　　　　　）

本書についてのご感想、関心をお持ちのテーマや注目の作家、弊社へのご意見・ご要望がございましたらお聞かせください。

お客様のご感想をHPや広告など本のPRに、匿名で活用させていただいてもよろしいでしょうか。

□はい　□いいえ

ご協力ありがとうございました。

アンケートにご協力いただいた方の中から毎月抽選で5名様に景品を差し上げます。当選者の発表は景品の発送をもってかえさせていただきます。

詳細はこちら https://www.seigensha.com/campaign

スパイスカレーとは、日本人が考案し、独自の配合でスパイスを何種類も大量に加える一方、ルウに必須の小麦粉が入っていないカレーです。具材や調味料も酒かすを使うなど何でもありです。インドカレーと同じように見えるものもありますが、基本的にナンではなくご飯を合わせます。大阪では、ミュージシャンが副業として、飲食店の空き時間を利用して間借りする店が多いことに特徴がありました。二〇一〇年代の半ば以降、「間借りカレー」と呼ばれて東京でも流行りました。格差が大きく深刻になっている中での間借りの発想からは、人々が生き抜こうとする知恵もうかがえます。

こうしたカレーの登場は、日本人がすっかりスパイス好きになったことを象徴していると思います。インド料理はすっかり身近になりましたし、近年のアジア料理ブームの中では、南インド料理のスパイスが控えめの定食「ミールス」や、鰹などの魚も使うスリランカ料理など、南アジア各地の料理がそれぞれの専門店で食べられるようになっています。もちろん、仕事や旅行でインドに行った人がハマることも多い。そうしたことから、独自にスパイスを調合し効果的に香りを生かす料理が生まれたのです。少し前まで、インド人に比べてスパイスづかいが単調で、辛さだけが際立ったような辛いインド風カレーもけっこう多かった気がしますが、スパイスカレーは、インド料理のように香りや辛さを支える味の構造が複雑になっていて、病みつきになるうまさを出す店が多いように感じられます。

私たちはもしかするとすっかりスパイス民族になったのかもしれません。

第八章

デパ地下の誕生と「男女雇用機会均等法第一世代」

A delicious history of modern Japanese food trends.

一九九〇年代の食ブーム

本章では主に、『昭和の洋食　平成のカフェ飯　家庭料理の80年』（ちくま文庫、二〇一七年）で書いたことをベースに一九九〇年代の食トレンドをご紹介します。一九九一（平成三）年、バブルが崩壊し、日本は長い低迷期に突入します。その後いろいろな問題を生じさせた団塊ジュニア世代の就職難があり、企業の倒産が相次いで、一九九〇年代後半に「リストラ」と呼ばれるようになった解雇問題が始まり、と仕事する人の環境が悪化していましたが、問題が深刻化するのは二一世紀になってからと言えるかもしれません。

とはいえ、それまで四〇年以上もひたすら発展を目指して成長してきた国の人々の消費意欲は、すぐに下がりませんでした。一九九〇年代はＣＤの売れ行きが最もよかった時代ですし、本や雑誌もよく売れました。食の世界でも、さまざまなブームが起こっています。というより、食の流行を取り上げるメディアが次々と誕生したこともあり、むしろ食のトレンド化は本格化した時代と言えるでしょう。

一九八〇年代に引き続き、「エスニック」料理ブームが盛り上がり、タイ料理、ベトナム料理、インド料理などが流行しています。外国料理への関心が広がった流れもあるのか、昭和期に憧れの海外旅行先であったハワイのダンス、フラの教室が流行って趣味で踊る人たちがふえ、ハワイ料理が人気になります。ご飯に目玉焼きとハンバーグをのせたロコモコ、サラダのポキなどが知られるようになります。

カリフォルニア・キュイジーヌと呼ばれた、新鮮な食材を使った料理も人気になります。これは、一九七一年にカリフォルニア州バークレーで開業した、「シェ・パニーズ」というレストランが発祥の、フランス料理のヌーベル・キュイジーヌを取り入れた料理です。オーナーのアリス・ウォータースは二〇一〇年代にテレビで紹介され、書籍が発行されるなどして日本でも人気を集めましたが、もともとは学生運動家。フランス留学中にマルシェで買いものをし新鮮な食材を使って料理できる環境に触発され、アメリカでもそうした文化を根づかせようと活動してきた人です。カリフォルニアでファーマーズ・マーケットをつくることにも貢献しました。オバマ大統領時代にミシェル夫人に働きかけたことから、ホワイトハウスに菜園がつくられました。

アリス・ウォータースの活動が日本で紹介された最初は、おそらく一九八九（平成元）

年に出た『おいしいサンフランシスコの本』（堀井和子・渡邊紀子、白馬出版）です。共著者の一人、堀井和子はスタイリストとして一九九〇年代に大人気になった人です。一九九五年の『ＢＲＵＴＵＳ』（マガジンハウス）一二月一日号でも「ハイブリッド・キュイジーヌの冒険」という特集でシェ・パニーズが紹介されています。

グルメブームが始まったのは一九七〇年代の終わりですが、フランス料理から始まり、一九八〇年代後半にはイタリア料理も流行しました。その後バブルが崩壊し、高級料理が流行りにくくなったことや、「エスニック」ブームで主要先進国以外への関心が高まったことも、もしかするとハワイ、カリフォルニアと地域限定で料理が流行ったことに影響したかもしれません。また、二〇〇〇年代初めに爆発するカフェブームも始まりました。

グルメブームの背景

グルメブームには、メディアの影響力も見逃せません。漫画やドラマについては第一二章でまとめてお伝えしますが、一九八三（昭和五八）年に青年漫画誌で連載が始まった『美味しんぼ』（作：雁屋哲、画：花咲アキラ、小学館）、一九八五年連載開始の『クッキングパパ』（うえやまとち、講談社）、一九八八年創刊の『Ｈａｎａｋｏ』、一九九〇年創刊のグルメ情報誌『ｄａｎｃｙｕ』（プレジデント社）、一九九三年から一九九九年まで放送されて若者の間で話題を呼んだバラエティ番組『料理の鉄人』（フジテレビ系）などが、食の流行やおいしい店の情報、料理の魅力などを伝えブームを加速させました。

インターネットはこの時期から、日本でも本格的に使われるようになりますが、まだＳＮＳもブログもなく、一般の人が情報交換できる場は掲示板ぐらいでしたし、黎明期のインターネット上のグルメ情報メディアも、まだ影響力を持つ時代ではありませんでした。ちなみに、グルメ情報サービスでは、「ぐるなび」が一九九六（平成八）年に誕生していま す。「食べログ」や「一休」「ホットペッパーグルメ」「Ｒｅｔｔｙ」の登場は二〇〇〇年代に入ってから。同じ頃、各地で地元のグルメ情報を載せたフリーペーパーも続々と登場します。東京の地下鉄、東京メトロが発行する『メトロミニッツ』が創刊されたのは二〇〇二（平成一四）年です。

グルメブームは、世代交代も一つの要因と考えられます。グルメブームが本格化したバブル期に青春時代を謳歌した人たちは、高度経済成長期に生まれた人たちです。それは自分たちは中流と考えるサラリーマン家族が主流になった時代で、この世代以降、子どもの頃から家族で週末レジャーを楽しんで育った人が多くなりました。レジャーは、一九六〇年代に注目されたアクティビティ。仕事時間が決まっているサラリーマンがふえたことで休日ができ、その休日を楽しんでもらうことが社会課題になっていたのです。

　というのは「遊んでいい日」が庶民にはほぼなかったからで、中流サラリーマンになった彼らには何をしたらいいかわからず戸惑う人が少なくありませんでした。日曜大工も、そうしたアクティビティとして流行しました。家族レジャーの代表は、遊園地など子どもを遊ばせる場所にくり出すこと、都心に出て百貨店でショッピングを楽しむことでした。

　こうした家族レジャーが日本で流行ったのは、二度目です。一度目は、大正時代から昭和初期にかけてのモダニズムの時代で、スキーや登山、カメラを買って撮影する趣味も人気でした。関東大震災以降、東京の百貨店は新しく生まれた中流サラリーマン家族をターゲットに、食堂を充実させていたのも人気の要因でした。最初に食堂を設けたのは日本橋の白木屋で一九〇三（明治三六）年です。一九〇七年に松屋、三越が食堂を設けます。三越が家族連れを意識した料理を用意するのが関東大震災後で、「御子様洋食」という名でお子さまランチが一九三〇（昭和五）年に、三越で誕生しています。『百貨店・デパート興亡史』（梅咲恵司、イースト新書、二〇二〇年）によると、一九三一年に松坂屋が「お子様ランチ」という名前でライスの上に日の丸旗を立て、おまけをつけたのが起源とする説もあります。

　しかし、その後は戦争の時代へ突入し、盛り上がりは急速に消えていきます。そして、この時期の中流生活を楽しめた人々は、人口の一割もいませんでした。

再び百貨店レジャーが活発になるのは、働く男性の六割以上が勤め人となる高度経済成長期です。都市への人口流入も大きく、都心へ遊びに行ける人はたくさんいました。家族連れが、洋服などを買う合間に休憩するのが百貨店食堂でした。こうした家庭の妻は主婦が中心で自分の財布を握ってはいませんでしたが、百貨店食堂で外食する楽しみを知ります。子どもたちも、両親に連れられて行った百貨店食堂で外食を体験します。

一九六〇年代までは、主婦や子どもが安心して入れるレストランと言えば百貨店食堂ぐらいでしたが、一九七〇年代以降、ファミリーレストランやファストフードが次々とでき、拡大期の一九八〇年代には、郊外に住む人たちが利用しやすくなります。子どもの頃から家族でファミレスへ毎月、あるいは毎週行っていた子どもたちは、中高生の頃にファストフードへ大人の同伴なしに出入りするようになります。この頃に育った世代は、外食を日常のレジャーにした最初の世代と言えるかもしれません。

1930年の日本橋三越本店の「御子様洋食」（三越伊勢丹ホールディングス提供）

均等法世代の女性

こうした世代が大人になったのが、一九八〇～一九九〇年代です。女性たちもグルメへの感度が高くなっています。彼女たちはまた、一九八六（昭和六一）年に施行された男女雇用機会均等法の恩恵を受けた世代でもありました。均等法は「ザル法」と言われ、男性に伍して働く超多忙な総合職と、それは無理と断念した補助職の一般職に女性を分断しました。併せて同年に施行された労働者派遣法で、派遣労働者などの非正規雇用で働く女性がその後主流になる要因ができたこと、一九八五年の第三号被保険者制度の発足という専業主婦優遇政策が始まった。これら三つの制度変更により、女性たちがいくつもの階層に分けられ、貧富の格差も拡大したことに対し近年批判が高まっています。

私もそうした主張に賛同する一人ですが、均等法がなかったらよかったとは思いません。少なくとも、総合職については責任のある働き方を用意した企業がたくさんあったからです。一九九〇年代は低迷期だったこともあり、女性の活用に本格的に取り組んだ企業は少なかったようですが、それでもこうした時期に採用された女性の中から、管理職など責任ある地位に就く人たちが育っています。最近は、ウェブマガジンなどで女性にかかわる問題が盛んに発信され、フェミニズム・ムーブメントの後押しをしていますが、それは細々とはいえ出版社の中で女性のリーダーが育っていったからです。

総合職にせよ、一般職にせよ、制度ができたことによって、仕事に就こうとする若い女性はふえました。実はバブル期前まで、大学へ進学する女性の中には就職をしないで家事手伝いを経て、結婚する人がたくさんいました。就職するには不利だったこともありますし、恵まれた家庭では娘を外で働かせたくない親たちもいたからです。

しかし、均等法がバブル経済の始まる時期に施行されたこともあり、大学卒業後に就職する女性はふえました。そして、少なくとも子どもが生まれるまでは、結婚後も働く女性が珍しくなくなっていきます。バブルが崩壊し、少しでも家計を豊かにするために共働きしようと考えるカップルがふえ始めたからでもあります。しかし、一九九二年に施行された育児休業法も有名無実化した職場が多く、残念ながらこの時期、多くの総合職女性たちが出産で退職していきました。

この時期、結婚した会社員の女性たちの悩みは、仕事と家事の両立でした。何しろフルタイムで働くと、朝は七時や八時に家を出て、帰りは一八時以降になります。洗濯ものは夜干し、掃除は週末にまとめてする、といった女性がたくさんいました。今は夫婦で家事シェアをするべきだ、という声が大きくなっていますが、当時はシェアなどという言い方はなく、夫に「手伝って」もらうことが、フルタイムで働く女性たちの願いでした。その願いもなかなか叶わず、結婚後に退職する女性の中には、家事との両立に困難さを感じていた人たちもいました。

一九八〇～一九九〇年代当時の若い女性の母親たちは、女性が一斉に主婦になった世代だったので、平成初期は仕事と家事を掛け持ちする親を見てこなかった人がたくさんいました。しかも、主婦業中心の母親が家事をていねいに行っていたため、仕事を持っているにもかかわらず、自分もそのようにするべきだと思い込んでいたのです。必ずしもそこまでしなくてもよかったことは、近年になって家事の論議が活発になってようやく明らかになりました。

困ったことに、この頃主婦業との両立は不可能と退職した女性たちが多かったことが、今の現役世代の悩みの要因となっています。仕事を持つ既婚女性は一九九〇年代を通じて増加していき、一九九七（平成九）年には完全に専業主婦を抜いて多数派になります。しかし、その多数派には非正規雇用の女性が多かったことや、出産や結婚をあきらめて仕事を選んだ人たちもいたことから、結局、平成期の女性たちでも、子育てする人は主婦業を中心にした人が多数派になったからです。つまり今、家事や子育てと仕事の両立に悩んでいる女性たちは、平成初期の女性たちと同じように、母親が主婦業中心だったため、どうすれば両立ができるのかロールモデルがない人が多いのです。

デパ地下で人気の総菜

一九九〇年代にはまだ、郊外のスーパーは閉店時間が早いところが多く、退社後に地元で買いものすることが難しかった女性たちの中には、都心にあるオフィスの近く、あるいは乗換駅にある百貨店の地下の食品売り場を利用する人たちがいました。百貨店の食品は郊外のスーパーより割高ですが、フルタイムの共働き夫婦には払えないことはなかったのです。まだ子どもがいないので、生活費が相対的に安かったこともあったでしょう。当時、大阪で働いていた女性によると、郊外へ向かう夜の電車には、仕事用のかばんとともに、食材が入ったビニール袋をぶら下げた女性が大勢いたそうです。

そんな頃、新しい食品ブランドが総菜売り場に進出していました。もともと百貨店には、高級品のハムやチーズ、ワインなどの売り場が地下にあり、高級料理店の総菜などは置いていました。そこへ日常づかいの食品や総菜が加わり目立ち始めるのが、この頃です。ロック・フィールドがその先鞭をつけました。ロック・フィールドの創業者、岩田弘三は、一九四〇（昭和一五）年生まれ。神戸でレストランを経営していましたが、一九七〇年に外食産業の視察のため欧米へ行きました。ファミレスやファストフードのチェーン展開を始めた人たちが、続々とアメリカ視察をしていた時期です。岩田がこのとき目をつけたのが、ハム、テリーヌ、キッシュなどの持ち帰り用の総菜を売るデリカテッセンでした。ニューヨークなどのアメリカの都市、フランスなどでは、テイクアウトの総菜を売る商売が発達していました。沖縄ではこうした習慣が、正月などの年中行事を楽しむときのものとして根づき、正月はオードブルを頼むことがテレビ番組で紹介されています。

岩田がデリカテッセンを最初に開いたのは一九七二年で、大丸神戸店の食品売り場でした。各地の百貨店に非日常の洋風デリカテッセンを展開した岩田が日常食の提供へシフトしたきっかけは、バブル期にローストビーフやスモークサーモン、ハムなどの高額なギフト商品が飛ぶように売れたことです。そのとき、岩田は冷静に「こんな状態が続くわけがない」、と気づきました。そして、バブル期ピークの一九八九年に、産地にこだわり揚げたてを売りにした「神戸コロッケ」を開発しました。コロッケはそれまでも市販されていましたが、それは冷凍コロッケや肉屋の店先で売る具が少ないものばかりでした。神戸コロッケのボリューム感とおいしさ、揚げたての魅力が伝わり、一躍ブームになるのです。

私は当時、関西に住んでいましたが、梅田の阪神百貨店の売り場では、神戸コロッケを買う長い行列ができていたのを覚えています。

一九九二年、ロック・フィールドは洋総菜のブランドとして、「ＲＦ１」を立ち上げて百貨店に出す店を統一しました。青、緑、赤のカラフルなロゴは白い柱で目立ちます。また、働く女性が後ろめたさを感じることなく買えるように、と多種類の食材を使ったカラフルで栄養豊かなサラダを提供しました。

一九八〇年代ぐらいから、サラダはときどき女性誌で特集され流行していましたが、まだまだ日本人にとっては経験値が浅かったと思います。何しろ、高度経済成長期まではサラダを日常的に食べる習慣はなく、生野菜だけを使ったサラダになじみがなかったことは、第四章でもお伝えした通りです。

サラダと言えば、トマトのくし形切りとレタスまたはキャベツ、キュウリのスライスを並べたモノか、戦前からあるポテトサラダやマカロニサラダぐらいしかイメージがない人が多かったこの頃、ドレッシングを和えた状態で、ひじきやカボチャ、カラフルなレタス、春雨など、意外な食材を組み合わせ、高く盛りつけたショーケースは多くの女

ＲＦ１の売り場（ロック・フィールド提供）

性を惹きつけたでしょう。当時、厚生省（現厚生労働省）が奨励していた一日三〇品目の食材を摂るべき、という考え方が浸透していましたから、「30品目サラダ」などというものまでありました。そして、野菜は外食で不足しがちな食材ですし、サラダを食べることでビタミンが摂れ、健康的な食生活ができそう、と心をくすぐられた女性は多かったでしょう。

ＲＦ１では、ジャガイモは北海道の契約農家から買い、野菜の皮むきは社員が手作業で行う、ドレッシングには保存料を使わないなどのこだわりがあり、確かな食材をていねいに扱って評判となり、全国のデパ地下にブランドが広がっていきます。

やがて、ＲＦ１の人気を受けて、他のブランドも登場します。その中でも早かったのが、一九九八年に千葉そごうに初出店し、煮ものなど和食も含めて料理を目立たせる盛りつけをした「柿安ダイニング」でした。牛肉のしぐれ煮で人気の三重県の精肉・総菜メーカーです。

最近は、ニューヨークのブランドを二〇〇三（平成一五）年に持ち込んだディーン＆デルーカなどの人気食材セレクトショップが入った商業ビルがたくさんあります。エキナカのショッピングゾーンや駅ビルの商業施設が次々と登場していますが、そうしたおしゃれ総菜店の流行は、百貨店の地下食品売り場で始まったのです。

デパ地下ブーム前史

ところで私はここまで、「百貨店の地下の食品売り場」と伝えてきました。今は一般的に「デパ地下」と呼ばれています。でも、一九九〇年代はまだ、そうした呼び方は定着していませんでした。二〇〇〇年に東急百貨店が渋谷駅にあった東急東横店の地下をリニューアルし、デパ地下と呼んで大々的に宣伝をしてから定着したのです。実は、最初にその呼び名をつけたのは、一九八八年の『Ｈａｎａｋｏ』でした。

当時の『Ｈａｎａｋｏ』は百貨店特集もよく組んでいて、ファッションなども紹介していました。その中にデパ地下グルメの特集があったのです。でも、時期尚早だったのかその言葉が広がることはありませんでした。

時期尚早といえば、西武百貨店が地下の食品売り場をリニューアルして、「西武食品館」と命名したのは一九八二年でした。この時期、西武百貨店はコピーライターに糸井重里を起用し、一九八〇年に「じぶん、新発見。」、翌年に「不思議、大好き。」、一九八二年に「おいしい生活」といった抽象的で斬新なコピーで話題を集めます。コピーライターが脚光を浴び、若者たちの憧れの職業となっていきます。一九七〇年代までモノを売るプロモーションを行ってきたのに、一九八〇年代に入ると新しいライフスタイルを提案するようになるのです。それが、一九七〇年代と一九八〇年代の大きな違いでした。モノが行き渡った社会で、さらにモノを売り続けるために企業が編み出した錬金術です。

一九七〇年代は、学生運動の挫折やベトナム戦争の影があり、オイルショックが二度襲うなどした時代です。都会で暮らす人はふえていましたが、田舎を含めてまだ古い生活習慣の縛りが強かった時代だったかもしれません。それが一九八〇年代になると、そうした重荷を振り切るように、明るくてポップなテイストが好まれるようになります。後半はバブル経済ですし、経済大国として自信ができてきたこと、一億総中流時代と言われ今から考えれば社会が比較的安定したこともあったでしょう。豊かさを背景に、暗くてマジメな考え方が敬遠された時代なのです。そういう時代を招いた立役者の一つが、西武百貨店の一連のポップな広告だったかもしれません。

売り方にも、変化が現れていました。その一つが西武食品館で、日常総菜の提案をしたのです。素材とソースを二人前ずつパックにした和洋中の「グルメキット」、魚や肉、コロッケなどを少量ずつ詰めた「おいしさ一人前」など、今でいえばミールキットのような商品をすでに展開しました。一九七七年のメゾン・ド・早稲田を皮切りにワンルームマンションが登場し、トイレ共用で風呂なしの下宿が当たり前だった若者の一人暮らしの形が変わり始めていました。働く女性の増加により、シングルや子どもがいない夫婦もふえ始めています。そうした時代の変化をつかんだ提案ではあったのですが、人の意識は追いついていなかったのではないでしょうか。

西武百貨店は挫折をしましたが、その後二〇年、三〇年経って当時に想定したライフスタイルが広がっていきます。時代にちょうどよく日常の総菜を提案したのが東急百貨店で、くり返しメディアが紹介し、「デパ地下ブーム」と言われるまでになります。そのブームは、一九九〇年代に仕事と家庭を両立するために仕事帰りに百貨店に立ち寄る女性がふえていたことが支えていました。

デパ地下ブームの先鞭をつけたのは、先ほど紹介した大阪の阪神百貨店です。『日本一の「デパ地下」を作った男　三枝輝行　ナニワの逆転戦略』（巽尚之、集英社インターナショナル発行、集英社発売、二〇一八年）によると、一九九五年に社長に就任した三枝輝行は、台湾の夜市をモデルに活気ある売り場にしよう、と思い切ってテナントを入れ替え、全国からおいしいものを集めてきました。小麦粉生地でまとめた名物のイカ焼きは、実は昭和三〇年代から阪神百貨店で売っていました。それが阪神の地下が脚光を浴びるようになると、人気に火がついたのです。

一方、ライバルの阪急百貨店は、生鮮食品売り場を充実させていました。その阪急に、戦前から何かと教えを乞うてきた東急百貨店のスタッフが研究に行き、一九九六年にまず、生鮮食品売り場を強化し、二〇〇〇年に専門店売り場を集めたフロアをつくるという画期的なリニューアルを行ったのです。初日は終日身動きができないほど混雑し、初年度には前年の一・五倍の売り上げを記録しました。

二〇〇七年には、新宿伊勢丹が地下をリニューアルし、おしゃれな空間のデパ地下をつくり上げました。伊勢丹が狙ったのは食のファッション化です。また、東京駅や大阪駅などJRの大きな駅と直結した利点を持つ大丸百貨店は、出張や旅行に行く客を目当てに弁当売り場を充実させています。大丸東京店を大幅にリニューアルして注目を集めたのは、二〇一二（平成二四）年でした。こうして、デパ地下といえば、日々の買いものから疲れたときにちょっとおいしいものを気軽に買えるショッピングの場、というイメージが二〇〇〇年代に形づくられていきます。その力の入れ方の背景には、バブルが崩壊して洋服があまり売れなくなり、デパ地下で集客して他のフロアにも立ち寄ってもらうというシャワー効果を狙っていたことがあるでしょう。

デパ地下グルメのブームは、一九八〇年代までちょっと背伸びしてもレストランへ行っていたグルメな人たちが、節約するため名店の総菜を買って帰るようになったという側面もありそうです。二一世紀になると、エキナカも登場しますし、空港でもこだわりの弁当、空弁が売られるようになり、レジャー施設や高速道路の休憩所まで、今までとりあえず食べられたら満足、と味より効率性を重視した食事を出していた施設も、続々とおいしさを売りにするようになります。そこには、グルメ化が止まらない人々の嗜好の変化が大きく作用しているのです。

第九章

平成のスイーツブーム

ティラミスブーム

バブル期を象徴するスイーツと言えば、ティラミスです。二〇一八（平成三〇）年に放送された朝ドラ『半分、青い。』（ＮＨＫ）で、バブル期に東京へ出た主人公を、母親が訪ねてくる場面がありました。漫画家修業中だった娘の師匠は、母親に気を使ってイタリア料理のレストランのチケットを渡します。岐阜の小さな町に住んでいた母親にとって、初めて話題のティラミスを食べたことは、長年の思い出になっていました。

ティラミスブームのきっかけは、『Ｈａｎａｋｏ』一九九〇年四月一二日号で、「イタリアン・デザートの新しい女王、ティラミスの緊急大情報　いま都会的な女性は、おいしいティラミスを食べさせる店すべてを知らなければならない。」という煽情的な見出しで、レストランを紹介したことです。また、『女性自身』も同年四月一七日号で、ティラミス特集をしています。影響力のある情報誌と全国誌がほぼ同時に取り上げたことで、ブームは一気に盛り上がっていきます。ほかのメディアも追随し、ティラミスに使われるチーズは、「マスカルポーネ」ということや、イタリア語の名前は「私を元気にして」という意味であるといった、周辺情報も伝播しました。

当時、イタリア料理はブームの真っただ中でした。フランス料理の流行が、本場で修業した料理人たちが最先端のヌーベル・キュイジーヌを持ち帰って始まったことを第六章でお伝えしました。ヌーベル・キュイジーヌはヨーロッパを中心に広がり、各地の料理に革新を起こしていきます。遠いところでは、香港でもヌーベル・シノワが起こっています。当時の香港はイギリス領で、欧米人がたくさん住んでいたことも、新しい中国料理が生まれる要因だったかもしれません。ともかく、料理を現代的により軽いものにし、より鮮度が高い食材を使う、といった形で刷新するムーブメントはヨーロッパを中心に広がり、イタリアでも、ヌオーヴァ・クチーナと呼ばれるムーブメントが起こっています。

その中へ、日本の料理人たちも修業で訪れています。帰国した彼らを中心に、斬新なスタイルのレストランが続々と誕生します。『日本イタリア料理事始め――堀川春子の90年』（土田美登世、小学館、二〇〇九年）によると、約一〇〇坪もあるすり鉢状の店内の中央にオープンキッチンをしつらえ、カウンターに取れたての魚介類を並べた「バスタ・パスタ」は、原宿で一九八五年に開業しました。一九八九年に恵比寿で開業した「イル・ボッカローネ」は、イタリア人のホールスタッフらが、「ボナセーラ」とイタリア語で挨拶しました。派手な演出で盛り上げる店が東京に次々と誕生したことも、人気を呼んだ要因でしょう。

お笑いコンビのとんねるずが、おもしろおかしくテレビ業界の話をしてウケていた時代です。その前からパスタブームが訪れていたこともあり、イタリア料理は、業界人っぽく「イタ飯」と呼ばれて大流行しました。当時、赤坂の「グラナータ」TBS店の料理長を務めていたのが、のちに銀座に店を持ちお値打ちイタリアンを出す落合務です。『日本のグラン・シェフ』（榊芳生、オータパブリケイションズ、二〇〇四年）によると、一九八九年のクリスマスに一日で五〇〇万円を売り上げる伝説をつくりました。ですから、雑誌が特集する前にも、イタリア料理を堪能した人たちは、ティラミスを知っていたのです。

『ファッションフード、あります。』によると、レストランのデザートだったティラミスを、洋菓子店がこぞってテイクアウトできる洋菓子として売り始め、アイスクリームショップ、ファミレス、ファストフードのメニューにも登場します。『Ｈａｎａｋｏ』特集から半年後には北海道の原野にある喫茶店でも、ティラミスを売るようになっていたそうです。ブームにあやかろうと、一九九一年には大手メーカーがこぞってティラミス味の食品を売りました。チョコレート、菓子パン、ドリンク、キャンディーなど。なぜか、コロッケやスープ、テリーヌなどの食事メニューでも、マスカルポーネチーズを使ってティラミス味と、謳う料理が登場したそうです。

舞台裏を描いた『銀座Ｈａｎａｋｏ物語』（椎根和《やまと》、紀伊國屋書店、二〇一四年）によると、当時ニューヨークでティラミスが大流行していたことから、女性編集者が発案した企画だったそうです。この編集者はその後、数々のスイーツを特集し、ブームに火をつけていったともあります。確かに、一九九〇年代にはたくさんのスイーツが流行しました。

一九九〇年代、続々と登場、人気スイーツ

次に出てきたのは、キャッサバのデンプンが材料の、丸いパール状のタピオカ。最初のブームのときは、タイ料理店のデザートとして人気でした。それから大きなブームになったのが、ナタデココ。ココナッツジュースを発酵させた食材で、タピオカと同様、クニュクニュした食感が売りです。

ナタデココは、一九九二年にファミレスのデニーズがデザートメニューに登場させ、流行に火がつきました。『ファッションフード、あります。』によると、さまざまな飲食店で出されたほか、ビン詰めや缶詰が爆発的に売れたそうです。産地のフィリピンでは特需景気が起こったのですが、生産体制が整った頃にナタデココのバブルが崩壊し、フィリピン

側には莫大な負債と無用になった工場が残り、熱帯雨林の伐採などの環境破壊を引き起こしてしまいました。日本のブームが悪影響を与えた、悲しい事件でした。ただ、ナタデココについては、今もゼリーに使われるなどして生き残ってはいます。

タピオカは、二〇一九(令和元)年にタピオカ・ミルクティーとして再ブレークしたことをご存じの方も多いでしょう。このときはティラミス以来ではないかと思われるほどの大流行で、全国各地にタピオカ・ミルクティーのスタンドができました。タピオカ・ミルクティー味のアイスも出ています。二〇一〇年代後半からアメリカなど世界各地でブームになっており、日本では、少し遅れて流行しました。台湾からタピオカ・ミルクティー店のブランドが続々と進出したことがきっかけです。このブームは、アイスティーが主力だったことから秋冬は静かになっていましたが、二〇二〇年の春先に盛り上がりかけました。しかし残念ながら、コロナ禍が広がり、飲食店が軒並み休業し外出も控える事態になったことから、流行の火は消えてしまいました。

平成の初め、アジア発のお菓子が流行ったことで、それまでお菓子については、「洋菓子」「和菓子」と呼んでいたのが、呼び名に困る事態が発生しました。その呼び名を最初に提案したのはまたしても『Ｈａｎａｋｏ』で、一九九一年以降、くり返し「スイーツ」と見出しに使っています。ただ、本格的に定着したのは、二〇〇三(平成一五)年に自由が丘に開業した「自由が丘スイーツフォレスト」がきっかけです。このフード・テーマパークについては、のちほどくわしくお伝えします。

一九九〇年代のブームは、まだたくさんあります。『ファッションフード、あります。』と『増補改訂版　西洋菓子彷徨始末　洋菓子の日本史』（吉田菊次郎、朝文社、二〇〇六年）で確認していきましょう。ヨーロッパのスイーツで、『Ｈａｎａｋｏ』が一九九一年に推したのは、生クリームを使い濃厚なプリンといった味わいのクレーム・ブリュレです。こちらは表面に砂糖をまぶし、バーナーであぶったフランス料理のデザートで、ポスト・ティラミスと期待されましたが、それほど大きなブームにはなりませんでした。その後、二〇〇一年に公開されたヒット映画『アメリ』で、主人公のアメリが好きなこととして、クレーム・ブリュレの表面のカラメルを砕く行為が挙げられ人気になります。

大阪のチェーン店「りくろーおじさんの店」で売り出した、「焼きたてチーズケーキ」も人気になりました。一九九二年にはカルト的な人気を誇ったアメリカ映画『ツイン・ピークス』で主人公のＦＢＩ特別捜査官が朝食にするチェリーパイが、ごく短い間、流行しました。同じ年、イタリアンデザートのパンナコッタも人気になりました。

フランスのボルドー地方の伝統的なお菓子、カヌレも流行しました。こちらはパン屋で売られ続け、ここ三、四年、専門店が出現し再流行しています。大阪で創業した専門店

「マネケン」から流行が広がったのは、ベルギーワッフルです。日本ではそれまでワッフルと言えば、新宿中村屋がクリームパンと同時に発売した、柔らかい生地にカスタードクリームを挟んだものでしたが、このとき広がり定番化したのは、固く焼いたワッフルです。東京にも銀座などに進出し、長い行列ができました。

フランスのブルターニュ地方で、残ったパン生地でつくったのが、クイニー・アマンです。こちらも、フランスパンを売りにするパン屋などで今でも買うことができます。さらに、マカオのエッグタルトも一時的に流行しました。最近は、台湾スイーツとしてタピオカ・ミルクティーの店などが売っていて人気があります。

カスタード生地のスイーツはどうやら人気が高く、クレーム・ブリュレやカヌレ、エッグタルトがこうした生地を使っています。プリン自体も、一九九三年に名古屋から東京に進出した「パステル」のなめらかプリンが人気になりました。トロトロのなめらかプリンはやがて、プリンの定番になるに至りますが、二〇一九年頃から再び昔懐かしい固めのタイプが流行し始めています。そこには、昭和スタイルの喫茶店ブームも影響しているようです。プリンは、喫茶店の定番メニューの一つですから。

嗜好の変化がブームを支えた

くるくる入れ替わる流行はいずれも、スイーツ単体が売られることで始まったものですが、一九九〇年代後半にはフランスの生ケーキを出す店とパティシエがブームになり、本格的にスイーツブームが始まります。

この頃の流行は、日本人の嗜好の変化をうかがわせるものでした。一九九〇年に爆発したティラミスブームが、はっきりとその変化を表しています。それまで、日本人にとってケーキと言えばイチゴのショートケーキが代表で、昭和半ば以降にスポンジケーキのアレンジがたくさん出ました。缶詰の桃やナマのメロンを使うモノなどいろいろありますが、いずれもふわふわのスポンジ生地に生クリームや果物を挟んだシンプルなケーキです。ところが、ティラミスにはスポンジがほとんど使われておらず、生地の中心はクリーム状です。しかもチーズ風味のクリームにコーヒーをしみ込ませたスポンジを重ねるなどと、いくつもの味と香りが生み出すハーモニーが持ち味です。

この頃ブームを担った世代は、高度経済成長期に生まれた「新人類」と呼ばれた人たちで、肉や魚が毎日食卓にのり、洋食にも親しんだという世代です。和食がほとんど、あるいは戦争で食べるのに困った、といった先輩世代とは味覚が違います。外食にもなじんでいます。豊かさを前提とした世代が登場し、新しい味覚を積極的に受け入れたことで、人気スイーツの幅が広がりました。一九九〇年代には、カヌレやナタデココなど、食感も独特なスイーツがいくつも流行しています。エッグタルトやチェリーパイのように、クッキー生地やパイ生地を土台にしたスイーツも流行しています。

『ファッションフード、あります。』によると、実はティラミスの前から、一九八〇年代後半に洋菓子店で並び始めたのが、フランスの滑らかな口当たりのムースを使ったケーキです。フランス料理ブームを通して、ムースを使ったフランスの新しいデザートが知られ始めました。そのムースを、洋菓子店が採り入れ売り始めたのです。急速冷凍システムができていたこともあり、冷凍しても品質が劣化しないムースは便利、とパティシエたちがケーキに使い始めました。あらかじめつくっておけば労働時間も短縮できます。ティラミスの展開は、フランス菓子の経験を踏まえたものだったのですね。

そうしたフランス菓子を売り人気を集めている店に、百貨店のバイヤーたちが目をつけ、出店してもらうようになったのが、一九九〇年代後半です。前章でお伝えしたように、デパ地下にはこの頃、会社勤めの女性たちが通っていました。その人たちはいち早く、有名パティシエの店が出店していることに気づいたでしょう。洋菓子店は、郊外などの町に点在しています。ところが、デパ地下なら都心にあり、仕事をする人たちが気軽に買いに行くことができます。そこでケーキを買う人がふえたことが、実は二〇〇〇年代初めのデパ地下ブームに影響を与えています。

パティシエ人気の背景

「パティシエ」という菓子職人を指すフランス語が広まったのも、この時期です。デパ地下で有名店のケーキを楽しんでいた女性たちは知っていたでしょうが、一般的にこの呼び名が広まったのは、一九九八（平成一〇）年に自由が丘で最初の店「モンサンクレール」を開く辻口博啓《ひろのぶ》が、その前年にお菓子のワールドカップと言われる、フランスで開くコンクールの「クープ・デュ・モンド・ドゥ・ラ・パティスリー」で、日本チームとして出場しチームとして三位、個人として飴細工で一位を獲得し、一躍脚光を浴びたことでした。

そして辻口は、当時若者の間で大人気だっ

辻口博啓（スーパースイーツ提供）

たテレビ番組『料理の鉄人』に出演し、パティシエとして初めて鉄人に勝って大きな話題を呼びます。この番組に出演した挑戦者たちはもちろん、鉄人たちもすっかり有名になり、店は繁盛し本人もメディアで引っ張りだこになるという現象が起きていました。

デパ地下に有名洋菓子店が入っていったのも、この番組の影響で、料理人にスポットライトが当たるようになっていたからです。もちろん、それまでにも腕利きの料理人やパティシエはいました。『きょうの料理』で料理講師を務めるのは、料理研究家と料理人です。しかし、番組はあくまで教える料理が主役で、講師がフィーチャーされることはありません。女性誌も取り上げることはありました。しかし読者が限られています。料理人の仕事が技術を結晶したものであり、その人たちにも人生のドラマがある。当たり前だけれど見過ごされていたその事実を発見し広めたのが、『料理の鉄人』でした。

日本人はもともと、職人の仕事を尊敬する傾向が強いと私は思います。江戸時代の細工職人や大工などで超絶技巧を持つ名職人は伝説になっていますし、陶芸も芸術の扱いです。料理人の地位はもともと低かったのですが、この番組がきっかけで、彼らも職人なのだと認知されたのです。その後、さまざまなテレビ番組や雑誌が料理人を取り上げ、有名シェフが続々と誕生していきます。

一九九〇年代後半には、テレビで美容師の対決番組が放送され、「カリスマ美容師」の流行が起きていました。二〇〇〇年には木村拓哉がカリスマ美容師を演じる連続ドラマ『ビューティフルライフ』（ＴＢＳ系）が放送され、火がつきます。「カリスマ」という言葉が脚光を浴びる時代の中でパティシエも注目され、大人気となっていったのです。

フードテーマパークの時代

スイーツブームのピークは二〇〇三年一一月、自由が丘スイーツフォレストが誕生したことでした。二〇二一年に休業するまで、フードテーマパークとしては珍しく二〇年近く営業を続けたことになります（二〇二二年七月に韓国スイーツのエンタメパークとして営業を再開）。オープン当初は長蛇の列ができ、初年度は予想を大きく上回る二三〇万人も集客しました。同テーマパークについては、『自由が丘』ブランド』（産業能率大学出版部、二〇一六年）の共著者で、当事者の岡田一弥さんから聞き取ったことをベースにご紹介します。

ケーキに目がない人はたくさんいますが、昭和の後半は、誕生日など特別な日に家族や友人を招いてホールのケーキを切り分けて楽しむことが主流でした。また、どこの町にもたいてい駅前などにケーキ屋があり、人の家を訪問するときに、ケーキを人数分選んで手土産にする習慣もありました。いずれにしても、集まって食べる際に買うものだったため、一九九〇年代、ケーキを一人分買うことをためらう人は多かったのです。

自由が丘スイーツフォレストは、一人で食べたいけれど恥ずかしくて買いづらい、という女性たちに向けて、一人分でも買える、店内でも食べられる、というテーマパークにしたのです。フードコートになっているので、一緒に来た人とそれぞれ別の店で買ったケーキを楽しむこともできました。名店に出店を依頼する、あるいは新進気鋭のシェフの腕試しをする場を提供する、などの試みもウケました。入り口にはシェフたちの写真が掲げられ、イベントも開催し集客に努めていました。そのプロデュースを行ったのが、ナムコ（現バンダイナムコ）です。

自由が丘スイーツフォレスト（著者撮影）

二〇〇〇年代初頭は、フードテーマパークが続々と誕生した時代で、その仕掛け役がナムコでした。同じジャンルの名店を集めるフードテーマパークのさきがけは、一九九四年に新横浜で開業し今もある、「新横浜ラーメン博物館」です。『メイキング・オブ・新横浜ラーメン博物館』（グラフィクス　アンド　デザイニング企画・編集、みくに出版、一九九五年）によると、新横浜の不動産屋が、新幹線の駅があるビジネス街なのに名所がない地元を盛り上げよう、と企画しました。みんなが好きなラーメンの名店を全国から集め、昭和三三年の下町をイメージしつくり込んだ会場に設置し大人気となりました。福岡市から出店した「一風堂」など、ここから人気に火がついたラーメン店はたくさんあります。高度経済成長が始まった昭和三〇年代をイメージさせる試みはその後、人気になります。

フードテーマパークには、新横浜ラーメン博物館が決定づけた、寂れたところを活性化させるという目的がありました。それまでナムコが仕掛けたフードテーマパークは、新横浜ラーメン博物館に習って、昭和三〇年代をイメージした路地のような空間をつくっていました。二〇〇一年に開業した「横濱カレーミュージアム」、博多の「ラーメンスタジアム」、二〇〇二年に開業した「池袋餃子スタジアム」などは、いずれも男性に人気が高い料理をテーマにしています。彼らが子ども時代を懐かしむ、あるいは古きよき時代にタイムスリップしたような感覚を楽しむ、という設定をしたのです。いずれも、来客がへっていた商業ビルなどに出店し、活性化させることを目的にして成功しました。

そうした試みを横で見ていたのが、室町時代から続く庄屋の家系で自由が丘の商店街振興組合の理事長などを務めた岡田一弥さんでした。高級住宅地を背後に持つ自由が丘には、もともとおしゃれな商店街が駅前にありましたが、一九八〇年代に松田聖子の店ができてから観光客を集める人気の町に発展し、特に駅の北側にファッション、雑貨、カフェ、レストランなどが集まっていました。しかし、南側はそれほど集客力がなく、商店街と一本道路を隔てた九品仏《くほんぶつ》川の緑道に面したアパートを持っていた岡田さんは、その建て替えにあたって商業ビルに変え、フードテーマパークを開こうと構想したのです。

そこで、ナムコのプロデューサーが自由が丘を研究し、スイーツ店が多いことから生まれたのが自由が丘スイーツフォレスト。今までのフードテーマパークとは一線を画し、女性を集客するスイーツを打ち出し成功したのでした。

「自分へのご褒美」

この頃、働く女性の間で「自分へのご褒美」という言葉が流行っていました。きっかけはおそらく、一九九六年のアトランタオリンピックで、銅メダルを取った有森裕子が「初めて自分で自分を褒めたいと思います」と言ったことです。それまで、日本では「スポ根」と言われる、無理をしてでも努力を重ね卑下することが正しいスポーツ選手の態度と思われがちでした。しかし、有森はおそらく初めて自分を公的な場で肯定的に評価したスポーツ選手です。一九九八年の長野オリンピックになると、試合を楽しむ姿勢を打ち出すスポーツ選手がふえ話題を呼びました。自分を否定的に語るより、成果を出したら素直に喜び楽しむことも大切、というメッセージをトップ・アスリートが発信し始めたのです。

そうした時代の変化から、若い女性たちは一日仕事でがんばった自分を褒めるために、帰りにスイーツやアクセサリーを買うようになりました。我慢が美徳とされる時代が長かった日本で、そうではなく自分を肯定しようという風潮が若者の間で生まれたのです。

彼女たちが自分にご褒美を与え始めたのは、報われない仕事につらい思いをしていたからかもしれません。一九九〇年代後半、不況はいよいよ厳しくなり、仕事の成果は見えにくくなりました。また、この時期は企業が総合職を採用するなど、一見女性に活躍の場が与えられたようで、実は教育しチャンスを与える道筋を整えた職場は少なかったのです。非正規で働く女性もふえ始めていました。がんばっても職場で認めてもらえない女性たちは、ひそかに自分で自分を褒め、明日への活力を養ったのではないでしょうか。そうした女性たちのメンタリティが、この頃から始まったスイーツブームを支えていたのです。

二〇〇〇年代に入っても、スイーツの流行は続きます。「ショコラティエ」と呼ばれるようになったチョコレートの職人たちがつくる技巧を凝らした高価なチョコレートもその一つ。二〇〇〇年代半ば頃から、百貨店のバレンタインデー向けチョコレートの売り場では、写真とプロフィールつきでフランス人などのショコラティエのブランドを売る店が目立つようになりました。チョコレート専門店も銀座などに次々とできていきます。

チョコレートは、製造工程が複雑で繊細な温度管理が必要なスイーツです。一方で、形が自在につくれることから、芸術的な技を施したチョコレートもできます。手間がかかったチョコレートは小さいのに高額で、しかもいくつもの材料のハーモニーが魅力の味を理解するには、食べ手にも経験が必要になります。この頃から、バレンタインチョコは必ずしも好きな人にプレゼントするのではなく、それこそ自分へのご褒美として買う女性がふえていきます。味がわからない彼氏にあげてもお金を投じた甲斐がないと思ったのか、あるいは恋人や本命の男性、夫がいない女性がふえたのかもしれません。やがて、子どもたちを中心に恋愛も、性別も関係なくチョコを交換し合う「友チョコ」が流行し、様相が変わっていくのです。ちなみに、バブル期に大流行したのが義理チョコですが、不況が長引く中、友人や職場の上司、同僚などに配る習慣はすたれていったように思います。

そのほか、マカロン、塩キャラメルなどの塩スイーツ、パンケーキ、高級かき氷などさまざまな流行が二〇〇〇年代には起こります。しかし、いわゆる洋菓子の流行は二〇一〇年代頃になると少なくなってきました。人々の好みは多様化し、流行の舞台も移り変わっていくのです。

第一〇章

パンブーム
～日本人とパンの新しい関係～

食事としてのパン人気

皆さんはパンがお好きですか？　朝ご飯にする人はどのぐらいいるのでしょうか？　少し前のデータですが、メディプラス研究所の「オフラボ」が二〇一八年にインターネット調査「ココロの体力測定2018」で、朝食に何を摂るかを全国の二〇～六九歳の男女一四万人に聞いたことがあります。

全国平均では、パン派が五〇・六パーセントと半数を占め、ご飯は三四・四パーセントで二番目でした。ご飯派が多いのはコメどころの東北で、全国一位の岩手県は五八・八パーセントでした。パン派が最も多いのは兵庫県で、六四・六パーセント。その他パン食の割合が六割を超えていたのは、大阪府、奈良県、和歌山県ですべて関西圏。五割台が神奈川県、千葉県、岐阜県、愛知県、三重県、滋賀県、京都府、中国地方五県、徳島県、香川県、愛媛県です。つまり、西日本にパン派が多いという結果でした。

人気ぶりにはおそらく、日本を代表する製パン会社の存在が影響していると思います。愛知県には現在のシェア二位のフジパン、三位の敷島製パンがあります。大阪府にはベーカリーチェーンで人気の「神戸屋」本社があります。また、兵庫県の神戸市はベーカリーチェーン「ドンク」の本拠地で、京都市と、総務省の家計調査でパンの消費金額一位争いをするパン好きの町で、パンがおいしい、と定評があります。広島市は、ベーカリーチェーン「アンデルセン」の本拠地です。

一方、数々の流行の中心地である東京都はというと、パン派が四八・五パーセントで最も多いものの、ご飯派も三〇・五パーセント、ヨーグルト派も二三・二パーセント、などとバラつきがみられます。ライフスタイルが多様な大都市ならではの結果でしょうか。東京にはシェアでダントツ一位の山崎製パンがあるというのに、根強いご飯人気です。

ここからは、主に『なぜ日本のフランスパンは世界一になったのか　パンと日本人の150年』（NHK出版新書、二〇一六年）で書いたことをベースにお伝えします。フジパン、敷島製パン、神戸屋は、いずれも大正時代の創業です。それらのメーカーの営業力で、周辺地域に早い時期からパンの朝食が導入されたことが、パン派を多くしたと思われます。また、神戸と横浜は開港地で、開港してからすぐに外国人向けのパン屋ができていました。一方、東京が拠点で日本一の規模の山崎製パンは、戦後の創業です。

二つの代表的な開港地のうち横浜は、神戸ほどには「パンの町」というイメージはありません。それはもしかすると、関東大震災で大きなダメージを受け、外国人がたくさん神戸へ移り住んでしまったことが影響しているかもしれません。

横浜港は、一八五九（安政六）年に開港しました。一方神戸港は、御所がある京都が近かったことから交渉が長引き、開港できたのは明治直前の一八六八年一月（西暦）でした。九月には明治になる江戸時代最後の年です。開港が遅れたことで外国人居留地の建設も遅れたため、日本人と外国人が入り混じって住む雑居地ができました。神戸の人たちは、外国人と身近に接してきたことから、早くからパンに親しみ始めたのでしょう。昭和初期には、パンを朝食にする習慣が根づいています。

関西圏でパン食が根づいたのは、神戸のブランド力が大きいと思われます。何しろ、一九八〇年代ぐらいまで神戸はトレンドの発信地で、たとえばファッションについて、東京のおしゃれな人たちが神戸まで洋服を買いに行っていた、という話もあるぐらいです。

中国地方の最大都市、広島市も影響力があります。広島市は日清戦争時に大本営が置かれるなどした軍都で、軍隊には早くからパン食が導入されていましたから、パン屋も多かったのではないかと思います。『アンデルセン物語』（一志治夫、新潮社、二〇一三年）によると、アンデルセンは一九四八（昭和二三）年の創業ですが、後発のパン屋で当初は苦労したそうです。しかし、デニッシュをデンマークから持ち帰り流行させたり、パンを客が選んでトングでトレイにのせ、レジまで持っていくセルフサービスを導入したり、冷凍パンの技術を持ち帰ってベーカリーチェーンが生まれるきっかけをつくったり、と業界を変えるさまざまな新技術を導入した功績があります。

また、関西圏では昼にご飯を炊き、朝食には残りご飯を食べる習慣があったことも、パン食を促したと言われます。冷たいご飯を食べるならパンがいい、となったのかもしれません。昔はかまどでご飯を炊きましたから、手間もかかるし、温め直すのも面倒でした。一方、東京では朝にご飯を炊く習慣があり、炊き立てご飯の朝食が当たり前でしたから、あえてパンを食べる必要性を感じなかったのかもしれません。今でも、朝にご飯と味噌汁を摂る東京の人は多いと思われます。

そんな東京人の感覚が、最近変わりつつあるかもしれません。総務省の家計調査でパンの消費金額のランキングが変わったからです。二〇一三年から二〇一五年の平均は、トップ10中七都市が関西にあり、一位は京都市、二位が神戸市、三位が岡山市で、東京都区部は一三位でした。ところが、二〇一八年から二〇二〇年の平均では、一位は神戸市、二位が岡山市、三位が京都市で入れ替わりながら同じ顔触れですが、東京都区部が四位に急浮上していたのです。その変化に関わったと思われるのが、一〇年余り続いたパンブームです。

スイーツからパンへ。交代した主役

本格的にパンブームが始まったのは、二〇〇八（平成二〇）年秋に起こったリーマン・ショックの後ぐらいからです。すでに社会現象になる時代は去っていましたが、『Ｈａｎａｋｏ』二〇〇九年一一月一二日号で「東京パン案内」の特集が組まれたことや、二〇一一年一〇月から世田谷区の三宿《みしゅく》で、地元を中心に人気パン店を集めたイベント、「世田谷パン祭り」が開催され始めたことが、きっかけと考えられます。表参道の国連大学前で週末に開かれる青山ファーマーズマーケットでも、二〇一三年から年に何回か「青山パン祭り」が開かれるようになったことが決定的だったと思います。雑誌などでもパン特集がよく組まれましたし、テレビの情報番組でもパン屋訪問企画がよくあります。

パンブームは、それまでのスイーツブームと交代するように始まっています。二〇〇〇年代後半にはスイーツの人気は失速し始めていましたが、リーマン・ショックは、ブームの終わりを決定づけました。

何しろ、タルトなどのケーキの台にフルーツのソースが入ったムースがのる、といった技巧を凝らしたケーキは単価が高い。一人分六〇〇円以上のケーキも珍しくありません。平成に入ってから、大きなケーキを家族や仲間と分けて食べる習慣は廃れていきます。人々の好みも選択肢も多様化し、手土産にケーキを選ぶ人もへりました。

そもそも、家を訪問し合う習慣自体がへっていきました。特に都会に出て、家族をつくった人たちの場合、必ずしも親しい人の家が近くにあるわけではありません。知り合った人たちのある人は横浜に住み、ある人は千葉に住み、となると、互いの家に行くには二時間、三時間もかかってしまう。新婚時や引っ越し後に一度ぐらい出かけても、ひんぱんに訪問し合うには距離があり過ぎるのです。親しかったら都心で会うほうが便利、となり手土産はいらなくなります。

一九九〇年代はスイーツのブームがいくつも起こってケーキも人気でしたが、二〇〇〇年代後半になると、出尽くした感があったのでしょう。ブームは冷めていったのです。

一方、パンはあんパンなら一個一〇〇円前後ぐらい。菓子パン・総菜パンのバラエティも豊富ですし、バターロールなど食事系のパンもたくさん種類があります。甘いモノが苦手な人でも、パンなら甘くないモノが選べます。朝食にしなくても、おやつにパンを食べるなど、パンに親しんでいる人は老若男女問わずたくさんいます。柔らかいモノが多いので、手で割いて分け合うこともできる。

何より、雑誌やイベントが紹介する、特色のあるおいしいパン屋がずいぶんとふえました。一九九〇年代に流行ったカヌレやクイニー・アマンは、パン屋で買える商品でもあります。すでにその頃から、ブームの種は仕込まれていたと言えるかもしれません。

日本のフランスパンの歴史

最初に注目されたのは、フランスパンと呼ばれる細長いバゲットとクロワッサンです。ここでしばらく、フランスパンの日本史をたどってみましょう。日本では、精養軒のシェフでもあるカール・ヘスが、一八七四（明治七）年に築地に開いた「チャリ舎」が、はっきりわかっているフランスパンの元祖の店です。

現存する最古のフランスパンの店は、東京都文京区関口にある「関口フランスパン」で開業は一八八八（明治二一）年。小石川関口教会、現在のカトリック関口教会が経営していた孤児院の子どもたちに、手に職をつけさせようと発足させた製パン部が始まりです。建築好きの人は、丹下健三が設計した東京カテドラル聖マリア大聖堂・カトリック関口教会をご存じかもしれません。

フランス人宣教師のペトロ・レイ師は、あらかじめ子どもたちの中から長尾鉀二《こうじ》をフランス領インドシナに派遣し修業させています。この店の創業と同じ年にフランス人宣教師たちが創立した暁星学園でも、寄宿生にこの店のフランスパンが配られていたそうです。暁星学園は関口フランスパンの近くにあります。

その後、一九一三（大正二）年に京都で開業した「進々堂」の創業者、続木《つづき》斉《ひとし》が、一九二四年にパン屋として初めてフランスに留学し、本場で学んだ技術を使ってフランスパンを売り始めます。西洋文化に憧れ、内村鑑三の影響でキリスト教徒になった続木は、東京の新宿中村屋で修業しパン屋を志した人です。

それでもフランスは長い間、庶民にとって遠い地で、本場のフランスパンを知らずにつくり続けるパン屋がほとんどでした。その事情が大きく変わるきっかけは、戦後に訪れました。

まず、フランスの国立製粉学校の教授で、「パンの神様」と呼ばれていたレイモン・カルヴェルが、東京パンニュース社と食糧タイムス社の共催、農林省（現農林水産省）・厚生

1888年、小石川関口教会（現カトリック関口教会）付属聖母仏語学校製パン部として創業した関口フランスパン（関口フランスパン提供）

省（現厚生労働省）の後援で開かれた国際製パン技術講習会に招かれ、一九五四年に来日して全国を巡り、バゲットなどの製造を実演します。皮がパリッと固いのに中はしっとり柔らかで、不規則な穴が開いた本物のフランスパンを知ったパン職人たちは、感激して涙を流したそうです。

感涙にむせんだパン職人の一人、藤井幸男は、ドンクの青年社長でした。『ドンクが語る美味しいパン　１００の誕生物語』（ブーランジュリードンク監修、松成容子著、旭屋出版、二〇〇五年）によると、父が開いた「藤井パン」は神戸空襲で全焼しましたが、藤井は店を再建させると父と弟に店の権利を渡し、自分は一九四七年にドンクを開きます。良質な材料を使った高品質のパンで大人気になりました。店のカフェには、グルメな喜劇役者の古川ロッパや宝塚歌劇団の八千草薫も通ってきたそうです。

藤井はカルヴェルに神戸での講習後に寄ってもらい、フランスパンを上手につくるコツを教わりました。その後一九六四年、渡仏した藤井と会ったカルヴェルは、フランス大使館に行き、翌年に日本で開かれる国際見本市に出る際、パンのブースを設けるよう掛け合います。そして藤井は、そのときに使う機械を引き取り来日するパン職人と契約を結びたい、とカルヴェルに話をつけます。そして一九六五年、新鋭パン職人のフィリップ・ビゴが来日し、ドンクの本格フランスパンの基礎を築きます。ちょうどドンクがチェーン展開を始めた頃で、ビゴは各地で技術指導をします。東京へは一九六六年に青山へ進出し、口コミで噂になると長い行列ができるようになりました。人気ぶりがメディアに取り上げられ、フランスパンブームが起こります。フランスパンを片手に街を歩くことがファッションにすらなりました。

しかし、皮が固いバゲットは、柔らかいパンに慣れていた日本人に、なかなか受け入れられませんでした。東京など東日本では、食事にパンを食べる習慣があまり広がらなかったこともあり、クリスマスシーズンにだけよく売れる、とも聞きます。それでも、小麦粉、塩、水、酵母のシンプルな材料でつくるバゲットは職人の腕の見せどころ。つくりたいパン屋は多かったのです。

フランスパン新時代

フランスパン事情が変わったのは、平成に入ってからでした。カルヴェル来日以前、日本のフランスパンはきめが細かく、口で引きちぎらないと食べられないものでした。ビゴ来日以降、神戸ではハード系のパンが浸透していきます。ビゴは一九七二年に独立して芦屋に「ビゴの店」を開きます。日本で広がったフランスパンはしかし、日本人の好みに合わせて皮が薄くあまり固くないものが主流でした。

一九九六（平成八）年、神戸で人気のレストラン「コム・シノワ」が、阪神淡路大震災で大きな被害を受けた街の人たちを元気づけよう、とパン部門を開きます。シェフを務めたのはビゴの店で修業した西川功晃《たかあき》で、皮が固くパリッとした本格フランスパンを売り出し人気を得ました。一九九八年には京都で「ル・プチメック」が開店します。グルメブームと海外旅行体験者の増加で、本格派を求める日本人がふえていたことが、こうした店の人気の要因かもしれません。

東京では、二〇〇一年にチェーン展開を始めた「メゾンカイザー」「ＰＡＵＬ」が、フランスパンブームの火つけ役になりました。メディアで取り上げられ、店に長い行列ができたのです。どちらも、フランスで人気のチェーン店です。

メゾンカイザーの日本での展開を任されたのは、フランスの同チェーンで修業した木村周一郎、銀座木村屋の六代目社長の長男で

二〇〇一年に東京初出店となったＰＡＵＬ八重洲店（レアールパスコベーカリーズ提供）

す。ＰＡＵＬはもともと、一九九一年に敷島製パンが契約し、名古屋の松坂屋で開業していましたが、当時は同チェーンもそれほど戦略的に考えていなかったようです。敷島製パンのスタッフが、契約していた一〇年間が終わるので今後の話をしに行ったところ、ＰＡＵＬの社長が交代して事情が変わっていました。松坂屋店はカントリー調の温かい雰囲気の店でしたが、この頃になるとフランスでは黒が基調の都会的なファサードに切り替えていました。今の日本の店も皆そういうファサードですね。再契約することになり、敷島製パンも別の運営会社をつくり、日本でどんどん展開を広げていったのです。

さらに二〇〇三年、渋谷の東急百貨店本店の向かい側のビルに、「ＶＩＲＯＮ」が開業します。この店は、兵庫県加古川市を拠点に兵庫県西部の播磨地方で人気のニシカワ食品の三代目、西川隆博が開業した店です。神戸で開業するはずがいい物件が見つからず、東京に進出することにしたのです。多角的貿易交渉のＧＡＴＴウルグアイ・ラウンドで貿易自由化が進んだ結果、一九九〇年代末頃から独特の香りを持つフランス産の小麦粉が手に入りやすくなっていたこともあり、パリでリサーチして見つけたヴィロン社の小麦粉を仕入れ、フランスに負けない本格派のバゲットを焼き始めたのです。

二〇〇〇年代には、他にもフランス語の店名にした店が続々と東京で開業しましたが、バターの香りが高い、皮がパリパリのクロワッサンを売りにした店が目立ちました。バゲットはハードルが高いと感じる人も、クロワッサンならおやつにも食べられる、とわざわざ買いに行く人がたくさんいました。そんな店がふえ、メディアやイベントが取り上げて、パンブームは広がったのです。

地域活性化にパンを

二一世紀初頭、フードテーマパークが人気だった話を前章でしました。しかしそのブームはやがて収束し、入れ替わるように流行り始めたのが、イベントです。リーマン・ショックの翌年、二〇〇九年に青山ファーマーズマーケットが始まったことは大きかったように思います。この成功を受け、各地で「マルシェ」と称した産直野菜その他の食や雑貨を売るイベントが開かれるようになったからです。青山ファーマーズマーケットは、農林水産省の補助プロジェクトとして始まった、都市住民参加型市場の一つでした。生産者と都市住民の距離を縮め、お互いに知識を深めて成長していくことが意図されていました。

リーマン・ショックで、高齢化が進んでいた農業へ参入する若者がふえたこと、二〇一一年の東日本大震災の津波で東北の漁業が大きなダメージを受け、都会の人たちが漁業に目を向けたことなど、産地に関心を持つ都会の人たちは増加していました。

また、二〇〇〇年代になって地域社会の崩壊が叫ばれるようになり、コミュニティづくりに関心が高い人がふえたことも影響していると考えられます。二〇一〇年代になると、ツイッターやフェイスブックなどインターネット上のソーシャル・ネットワーキング・サービス（ＳＮＳ）で、情報交換をする人もふえました。二〇一三年には、生産者のインタビューやルポなどが載った、情報誌とお試し食材をセットで売る画期的なメディア『東北食べる通信』（ＮＰＯ法人東北開墾、現株式会社雨風太陽）に始まる、各地の『食べる通信』の創刊と注目度の高さも、地方の事情に関心を持つ都市住民の変化を表していると思います。

フードテーマパークは設備投資が高くつきますし、毎日集客する必要があってコストがかかります。しかしイベントなら、投資は少なくて済みます。地域活性化のために、イベントを企画する人たちもいました。世田谷パン祭りも、住宅地が中心の世田谷区を盛り上げようと企画されたものです。パンのイベントも全国各地で開かれるようになりました。

青山ファーマーズマーケット（Ｆａｒｍｅｒｓ Ｍａｒｋｅｔ Ａｓｓｏｃｉａｔｉｏｎ提供）

デパ地下スイーツと事情は似ていますが、パン屋も住宅地に点在しています。しかし、イベントに行けば一カ所に人気のパン屋が集合しています。伊勢丹など、百貨店もパンイベントを企画し大勢の客を集めるようになりました。

実は、一九九〇年代からパン屋巡りを趣味とするパンマニアたちが、情報発信を始めていました。その代表、渡邉政子は一九九二年にパン好きを集めた「パンの会」を始め、全国約六〇〇〇人の会員に向けて年四回、『パンの新聞』を発行するようになっていました。二〇〇〇年代に入るとブログも登場しますし、パンの情報はマニアの間ではシェアされ、パンを求めて旅行をする人まで出てきました。やがて、人気のパン屋に行列ができたり、早々に人気のパンが売り切れるほどになったのです。

最近は、人気のパン屋を集めてセレクトショップを開く場が誕生しています。その最初が阪神梅田本店で、二〇一八年に「パンワールド」を開業しました。二〇二〇年から試験的に、二〇二一年から正式開業したのは、横浜髙島屋の「ベーカリースクエア」です。冷凍パンのサブスクリプションサービスを始めた会社もあります。ベーカリースクエアやサブスクを始めた群馬県桐生市のパンフォーユーは、もともとは地元のパン屋に光を当て活性化につなげたい、と発想した起業家が発案しています。長く続くパンのブームは、このように新しいスタイルのビジネスまで生み出したのです。

高級食パンブーム

一〇年余りのパンブームでは、いろいろなパンにスポットが当たりました。さまざまな具材の組み合わせが売りのコッペパンブームでは、盛岡の老舗パン屋の「福田パン」がくり返し紹介されましたし、コッペパン専門店が続々と誕生しました。二〇一〇年代半ばからは、さまざまなサンドイッチが流行しています。具材が大量に詰まったボリュームサンドは、サンドイッチ店でも家庭料理のレシピでも人気になりました。その流れでホットサンドも流行。フルーツサンドも、続々と専門店が誕生しています。

コロナ禍に入ってからも、ローマ発の生クリームがたっぷり入ったマリトッツォが大ブームになり、韓流ブームの影響で、韓国発のニンニクを効かせたマヌルパンも流行しました。たくさんあるパンのブームの中で息が長く、全国に広がったのが高級食パンです。全国各地の町に、高級食パンの専門店が開業しました。最近は飽きられつつあるようで、閉店した店も見かけますが。

高級食パンブームは、二〇一三年から始まりました。まず、四月にセブン‐イレブンとイトーヨーカドーの店で「セブンゴールド　金の食パン」を売り始めました。一斤が二五〇円と、一〇〇円前後が一般的なスーパー・コンビニの食パンでは破格に高かったにもかかわらず、発売一五日間で六五万個も売れる大人気となりました。

六月には、銀座の外れで「セントル・ザ・ベーカリー」という二斤分一本の単位で、スライスしないで売る高級食パンの店が開業し、何年も行列ができ続けました。国産小麦のゆめちからを使った角食パンは、当時八四〇円もしました。一斤分でも四二〇円。この店は、VIRONを開いた西川が、安い価格で定着してしまった食パンの価格を上げよう、と開いた店です。実はVIRONでも、フランスパンで同じ試みをしています。実際、これらの店ができてから、パンの価格は少し上がったように思います。日本ではデフレ圧力が強い時期が長く不当に労働者の賃金が安くなっている、と言われますが、こうした異議申し立てをいち早くしたとも言えます。

また、大阪では「乃が美」というチェーンが同じ年に産声を上げました。その後もさまざまなチェーン店、個人店の食パン専門店ができています。

最初にした話を思い出してください。日本で朝ご飯にパンを選ぶ人たちは、全国平均で半分です。そうした中に登場した高級食パンは、もしかするとパンを食事に使う人をふやしたかもしれません。すでに、二〇一一年以降に総務省の家計調査から、パンの消費金額はコメの消費金額を上回るようになっています。

でも、どうもそれだけではない。高級食パンは、ナマでそのまま食べることを奨励しています。柔らかくて甘いからです。つまり水分量と糖分が多いのです。食パンとは言っていても、中身は菓子パンなのです。また、高級食パンを手土産にする人たちもいます。スイーツの替わりです。日々、朝ご飯にパンを食べる人たちは、それほど甘くない普通の値段の食パンを選ぶのではないでしょうか。高級食パンブームは、パンのブームが広がった結果、ふだんはパンを食べない人も楽しめるから起こったのだと言えるでしょう。

パンの消費金額の都市比較で、東京都区部が一三位から四位に上昇した話をしました。それは、パン屋がふえたからでもあります。東京にはパン屋がない町もたくさんありましたが、そうした町に次々と新しいパン屋ができています。そして、ブームの中でパンを楽しむようになった人もふえたでしょう。私たちはまた、新しい味覚を手にしたのです。

第二章
韓国料理の流行から見えてくるモノ

A delicious history of modern Japanese food trends.

日本の韓国料理史

コロナ禍に入って間もなく、韓国カルチャーの話題が盛んに出ました。ネットフリックスが配信する連続ドラマの『愛の不時着』にハマる人が激増し、コロナ直前に日本でも公開された映画『パラサイト　半地下の家族』が、韓国映画として初めてアカデミー賞作品賞を受賞し話題を集めたのです。食の分野でも、『愛の不時着』に登場する韓国チキンが流行し、あちこちに韓国チキンの店が誕生しました。韓国チキンには、ドラマに出てきたサクサクの衣を売りにするモノと、ヤンニョムと呼ばれるスパイシーなタレをかけたモノが人気です。韓国ドラマでは、登場人物たちがおいしそうに料理を食べるシーンがよく描かれるので、「作品に出てきた料理が食べたくなった」と思う人も多いかもしれません。映画の『パラサイト』でも、社長夫人が雨に打たれて寒い思いをして帰宅した夜、家政婦に庶民的な軽食のジャージャー麺をリクエストし食べる場面が描かれます。悲劇前の最後の夜に食べたジャージャー麺は、彼女にとってどんな思い出になったのでしょうか。

コロナ禍に入ってからのこうした韓国カルチャーの人気ぶりは、第四次韓流ブームと言われます。今回は、『日本外食全史』を資料にしつつ、これまでの韓国ブームに焦点を当て、背景にある私たちの食の現在地を確認していきたいと思います。


まず、日本における韓国料理の歴史について、おさらいしていきましょう。日本は日清戦争や日露戦争に伴って朝鮮半島への侵略を進め、一九一〇（明治四三）年には併合してしまいました。そこから一九四五年に日本が第二次世界大戦で敗戦するまで、植民地化しています。宗主国と植民地の関係の中で、日本から韓国に渡った食はのり巻き、たくあんなどがありますが、朝鮮半島から日本へ食文化が渡ることはあまりありませんでした。

日本へ渡った韓国人は当時、大勢いました。朝日新聞記者だった小西正人が、盛岡支局時

『パラサイト 半地下の家族』
Blu-ray&DVD 発売・販売元：バップ

代に書いた記事をもとにした『盛岡冷麺物語』（リエゾンパブリッシング、二〇〇七年）からその一人、楊龍哲《ヤンヨンチョル》の話をご紹介しましょう。楊は一九一四（大正三）年、朝鮮半島東北部沿岸の咸興《ハムン》で、リンゴ農園を経営する父親のもとで生まれました。父が親日派で家には日本人が多く出入りし、隣に日本軍の駐屯地があったことから、日本への憧れを募らせ、二〇歳を過ぎると家を飛び出して東京に行きます。一九四〇（昭和一五）年に創氏改名で日本名を名乗らされることになって、青木輝人という姓名をつけます。

一九四一年に日本人女性と出会って結婚し、二年後に盛岡へ疎開します。そこで、鉱山会社の事務や現場監督などをしました。戦後も日本にとどまり、東京の朝鮮料理店「食道園」の仕事をして料理との接点を得ます。しかし、店主が朝鮮戦争へ行ってしまったので閉店。一九五四年に盛岡へ戻り友人と「食道園」の名前で朝鮮料理店を開いて、故郷の冷麺を出しました。咸興は冷麺が名物なのです。ところが日本人は、蕎麦粉の麺を嫌がり、青木（楊）は工夫して小麦粉の麺を生み出し

盛岡食道園の冷麺

ます。その麺が、盛岡冷麺の始まりでした。

第二次世界大戦後は、在日コリアンたちが、焼き肉店を次々と開いた時代でもあります。大阪にも「食道園」という名前のチェーン店があります。この店の歩みについて、同店のウェブサイトが紹介しています。創業者の江崎光雄は平壌出身で、昭和初期に東京でタクシードライバーをしていました。その後、中国へ渡り、一九三八年に日本軍の司令部が置かれていた太原で軍御用達の精肉店を開いたのち、すき焼き店、冷麺店を開きます。一九四五年に日本へ引き揚げ、一九四六年に大阪の難波で食堂を開いたところ、人気となります。一九六八（昭和四三）年には、万博で立ち退かされて移転した先に六階建ての自社ビルを建て、四〇〇人も収容する大広間や和風個室のある店をつくります。

大阪で在日コリアンが多く住む町の代表が鶴橋です。鶴橋に焼き肉店ができるのも戦後で、一九六〇年代に増加し、一九六〇年代後半には、焼き肉ブームも起こりました。農家で使われてきた役牛が耕運機の普及で大量に肉になって出回り、割安になったことも影響したのか、家庭でつくりたい、という声に押されるように、一九六八年、エバラ食品が焼き肉のたれを発売しています。

一九七九（昭和五四）年に無煙ロースターが発売されると、デートでも使えるおしゃれな焼き肉店が登場していきます。一九七六年に六本木で開業した「叙々苑」は、二年後に開業した二号店に無煙ロースターを入れて高級店にしたことで、接待需要が高まっていく時期に人気になったのです。

韓国料理はまず焼き肉が認知され、店で使われるキムチも人気になっていきます。キムチは一九七五年に発売された「桃屋のキムチの素」からポピュラーになり、一九八八（昭和六三）年にソウルオリンピックの影響で人気が高まってスーパーでも置かれるようになり、一九九九（平成一一）年には浅漬けを抜いて最も購入金額が大きい漬けものになりました。

在日コリアンが住む町では、近所の人にキムチをお裾分けすることもあったそうです。キムチ販売店が商店街にある町もあります。ですから、スーパーで売られる前から、キムチに親しんできた人たちはいたのです。

そして二〇〇二年、サッカーの日韓共催ワールドカップが、一気に韓国を身近な国に押し上げました。二〇〇三年にはNHKのBS放送で韓国ドラマ『冬のソナタ』が放映されて大ヒットし、翌年地上波でも放送され、冬ソナブームが起こりました。やはりまずBS放送で、二〇〇四年に『宮廷女官チャングムの誓い』が放送されて人気となり、翌年に地上波で放送。人気に乗って、『きょうの料理』も、韓国料理をくり返し特集しました。

それまで、日本人は韓国料理と言えば焼き肉とキムチ、冷麺ぐらいしか知らなかった人が多かったのですが、このときのブームでチヂミやビビンバ、ユッケ、チゲ、ナムルといった定番料理を知った人は多かったのではないかと思います。韓国の文化については、戦争と植民地政策、在日コリアンたちに対する差別問題が根深くあり、罪悪感もあって近づきにくさを感じていた人が多かったかもしれません。

しかし戦争が終わって半世紀以上経ち、同時代の隣国に関心を寄せる人はふえていたのです。ワールドカップは、どちらかといえば若い世代の男女、ドラマはまず中高年の女性たちがハマり、幅広い年代の人たちが同時代の韓国に関心を持ちました。コリアンタウンとして知られる東京・大久保には、週末になると韓流ファンが殺到する事態になっていたそうです。

その少し前にアジア料理がブームになっていたこともあり、東南アジアより近い韓国料理への関心は生まれやすくなっていたと言えるでしょう。元来、日本人は辛いモノが苦手な傾向があったのですが、激辛ブームも訪れており、唐辛子やニンニクを多用する韓国料理への抵抗感が少なくなっていたことも、流行しやすい条件だったと考えられます。韓国料理を特徴づける味には、唐辛子、ニンニク、ごま油などがありますが、東南アジアの料理のようにハーブを多用するわけでも、インド料理のようにスパイスを多用するわけでもありません。肉の炒めものや具だくさんのユッケやチゲ、野菜単品の和えもののナムル、お好み焼きみたいなチヂミと、比較的日本の食事に近い料理が多い点も、親しまれやすすかったのではないでしょうか。

コリアンタウンになった大阪・鶴橋

第七章で、アジアの料理の流行についてお話ししました。一九八〇年代から一九九〇年代にかけてのブームでは、アジアの料理を日本人が持ち込んだ飲食店も多かったのですが、二〇一〇年代半ば以降のブームでは、移民が増加する時代を背景に、彼らがふるさとの味を仲間に提供しようと飲食店を開くケースもふえていた、というお話をしました。

その意味で言えば、日本には在日コリアンがたくさん住んでいますので、彼らが多く集まる町では、昔から自分たちのコミュニティで必要とする食材やモノを売り、飲食店を開いてきました。韓流ファンが通う二つの代表的な町の歴史をたどれば、日韓カルチャーの交流史が見えてきます。少したどっていきましょう。

『「移民列島」ニッポン　多文化共生社会に生きる』（藤巻秀樹、藤原書店、二〇一二年）によると、大阪市の鶴橋周辺に在日コリアンの人たちが住み始めたのは、一九一九（大正八）年に近くの平野川改修工事で働く人たちがふえたことがきっかけです。一九二三年には、大阪築港と済州島の定期連絡船が就航し、大阪に来る人はさらにふえました。労働者不足を韓国人の出稼ぎ労働者で補ったのです。

鶴橋の歩みを描いたルポ、『大阪「鶴橋」物語　ごった煮商店街の戦後史』（藤田綾子、現代書館、二〇〇五年）によると、コリアンタウンとして有名な御《み》幸通《ゆきどおり》商店街は昭和初期、日本人が開く商店が表通りに、韓国人が同胞向けに開く店が裏路地にあったそうです。第二次世界大戦で空襲が激化すると、日本人は疎開のため出ていきます。その土地を戦後、在日コリアンたちが入手して、通りの商店は韓国食材などを売る店に入れ替わりました。

町の玄関口である鶴橋駅は、ＪＲと近鉄、地下鉄千日前線と三つの線が交差しています。近鉄線の駅が高架になったのは国鉄（現ＪＲ）駅開業の翌年、一九三三（昭和八）年でした。鶴橋駅の高架下とその周辺のアーケード商店街では、映画の『ブレードランナー』の廃墟っぽい都市の風景を想起させる、迷路のような通りが広がっています。そこにも、焼き肉店やキムチ店、チマチョゴリの店、食材店などのコリアン系の商店がたくさんあります。昔の商店のモノと思われるかまぼこや鮮魚の看板も残っています。鶴橋駅周辺には、第二次世界大戦中に全国で行われた建物疎開が実施され、広い空間ができました。もともとは民家や寺院、小さな工場などがある静かな町だったのです。鶴橋は空襲を免れ、空き地は戦後、闇市になります。

近鉄線は大阪と奈良、三重、名古屋を結ぶかなり長い路線です。伊勢神宮の最寄り駅もあります。沿線には農業や漁業の産地もあるので、戦後は手持ちの衣類などを農家へ持って行って食べものと交換するタケノコ生活を送る市民や担ぎ屋が利用し、鶴橋は何でもそろう一大繁華街になりました。戦後の混乱が収まると、卸売市場としての機能も備え、一九六三年に伊勢周辺の鮮魚を運ぶ行商人専用列車ができたほどでした。その命脈はなんと二〇二〇年三月まで保たれたのです。

鶴橋がコリアンタウンとしてのキャラクターを鮮明にするのは、一九七七年に焼き肉店の「鶴一」が人気ラジオ番組『ごめんやす馬場《ばんば》章夫《ふみお》です』で取材されてからです。このとき鶴橋周辺の店が集まって、チマチョゴリやキムチの店も紹介されました。鶴橋がその後もくり返しメディアに取材された結果、遠方からも「コリアンタウン」をめざして人が集まるようになっていくのです。鶴一は一九四二年頃に済州島から大阪へ来た新井辛鶴が、一九四八年に韓国人の結婚式で出される蒸し豚屋から始まりました。焼き肉を出し始めたのは、一九五三年からでした。

一九八八年のソウルオリンピックで、この町へのテレビの取材が一気にふえ、御幸通商店街とともにコリアンタウンとして全国的に有名になっていきました。

ニューカマーが発展させた大久保

東京の大久保エリアは、異なる経路でコリアンタウンとして発展しました。この町の歩みについては、『オオクボ　都市の力』が発掘しています。この本を中心に歴史をひもといてみましょう。町の始まりは徳川家康の家臣、内藤清成が鉄砲百人組と呼ばれた江戸の警備を行う伊賀者を定住させたことです。下級武士の屋敷町になりますが、江戸時代中期になると仕事がへったこともあり、彼らが内職としてつつじ栽培を始め、つつじの名所になりました。明治になっても、彼らはその土地で暮らし、つつじ栽培を続けたので花見客でにぎわいました。しかし、町の北側に陸軍戸山学校ができ陸軍省用地になって、戸山ケ原と呼ばれ始めます。一八八五（明治一八）年、南北を貫く鉄道が敷かれました。現在の山手線です。路面電車も走り、便利になったことから、郊外住宅地として発展していきます。それでもまだ林や原っぱが残り、学校の遠足、野球やサッカー、スキーなどを楽しむ人たちもいたそうです。昭和初期になると、駅前には商店街も発達します。

関東大震災ではあまり被害を受けなかったのですが、第二次世界大戦では大空襲で壊滅的な被害を受けました。しかし、このあたりは貸家が多かったことから、戦前から住んでいた人で戦後に戻ってきたのは二、三割程度しかいなかったそうです。

戦後は、隣の歌舞伎町が歓楽街として発展したこと、歌舞伎町の建設に台湾人がかかわっていたことから、大久保も国際色を帯びるようになります。歌舞伎町は一大アミューズメントセンターをつくろうと博覧会が開かれたのですが、失敗して多額の債務が残りました。負債処理の土地を購入したのが、台湾華僑や在日コリアンたちでした。そして、朝鮮戦争の頃から、女性たちが進駐軍兵士と入るホテル街へと発展していくのです。この頃、道路拡幅工事によって職安通りができ、南側は歓楽街、北側は木造賃貸アパートが立ち並ぶエリアへと変貌していきます。大久保は、歌舞伎町で働く人々や、地方から来た人たちが住むアパート街として発展し、戸山ケ原には、都営団地が建ちました。

留学生をふやそうとする国の方針を受けて、この町に専門学校や日本語学校がふえ始めたのは、一九八〇年代後半から。大久保が鶴橋と違うのは、集まってくる外国人の出身国・地域が多様なことです。

一九七〇年代、一九八〇年代から歌舞伎町で働く人たちが利用する、在日コリアンや台湾系の華僑の店はありました。一九八五年には韓国系のキリスト教会、東京中央教会ができ、周辺に韓国系の店がふえていきます。一九九一年にできたミャンマー料理店の「ヤッタナー」を皮切りに、ニューカマーたちの飲食店も続々とできていきます。

一九七〇年代、韓国は独裁政権下でしたし、台湾は戒厳令下にありました。しかし韓国は、一九八〇年代になると出国しやすくなり、一九八九年には海外旅行が自由化されます。台湾も一九七九年に海外旅行が自由化されました。ホステスが多く来日しましたし、留学生も日本に残って、同国人のためにビジネスを始めるようになっていきます。

昭和の頃は、大久保の商店街は生鮮食料品店、靴屋、洋品店、布団屋などが立ち並ぶ日本人の商店街でした。しかし、一九九〇年代中頃からコンビニやチェーン店がふえ、ニューカマーたちが店や事務所を構えるようになっていきます。この頃、全国の商店街は衰退を始めていました。バブルが崩壊したことに加え、一九九一年の大規模小売店舗法の改正から二〇〇〇年の大規模小売店舗立地法の施行に至る規制緩和の影響で、郊外に大規模なショッピングセンターや大型スーパーが続々とできて、人の流れが変わり、駅前の商店街がさびれていくからです。しかし、移民が店を開く大久保は、外国人たちの店を目当てに日本人も集まるようになってにぎわうのです。最初は外国人が住むことや利用することを嫌がっていた大家も、不況が厳しくなっていく中、外国人に貸さないと空室が埋まらなくなっていきます。お互いのルールに慣れ、韓国系の不動産屋も登場し、共存のルールがつくられていったのです。

韓国系の人たちの話に絞ってみてみましょう。『「移民列島」ニッポン』によると、一九九〇年代に韓国人ニューカマーたちが開いた店は、食材店、飲食店、引っ越し屋、国際電話代理店、レンタルビデオ店など同国人の生活に密着したモノでした。しかし、次第に流通や貿易、旅行、ＩＴ会社、日本語学校、韓国語学校などもできていきます。韓流ブームで日本人客が大勢訪れるようになると、今度は日本人向けのビジネスもふえていきます。韓流スターのグッズを売る韓流ショップができるのです。原宿の竹下通りにはアイドルの写真などを販売する、少女や若い女性の心をくすぐる店が軒を連ねていますが、大久保は韓流ファンの竹下通りのようになっているところがあります。

こうしたビジネスが、韓流ブームが起きるたびに発展して、さらに日本人の韓流ファンを集めるようになっていくのです。

第二次以降の韓流ブーム

話を韓流ブームに戻しましょう。第二次韓流ブームは二〇一〇〜二〇一二年頃で、紅白歌合戦にも出演したＫＡＲＡや少女時代、東方神起などのＫ－ＰＯＰアイドルが一世を風靡します。ドラマでは『私の名前はキム・サムスン』『美男〈イケメン〉ですね』などの現代を舞台にしたラブコメディー、『トンイ』といった時代劇など、さまざまなジャンルの作品が人気になりました。このときは、特に食文化への注目はありませんでした。

様相が変わって幅広い文化に関心が注がれたのは、二〇一六～二〇一八年頃の第三次韓流ブームあたりからです。ＳＮＳを通じて、韓国から直接流行が伝わってくる時代になっていました。化粧品やファッションなども注目され、大久保には韓国コスメの店が続々とできました。アイドルではＴＷＩＣＥ、ＢＬＡＣＫＰＩＮＫ、ＢＴＳなどが人気になりました。また、鶏肉と野菜の炒めものにチーズをかけたチーズタッカルビやチーズドッグ、パフェのようなトッピングがにぎやかな韓国かき氷（パッピンス）など、韓国の若者の間で流行する料理などで、大久保でも売られる若者向けの韓国グルメはたくさんあります。

二〇一八年には、韓国の一〇〇万部を超えるベストセラーで社会現象になった『82年生まれ、キム・ジヨン』（チョ・ナムジュ著、斎藤真理子訳、筑摩書房）が日本でもヒットし、韓国文学ブームが起きました。『文藝』「韓国・フェミニズム・日本」特集の二〇一九年秋号（河出書房新社）は、一九三三年の同誌創刊号以来の大ヒットとなり、書籍化されました。

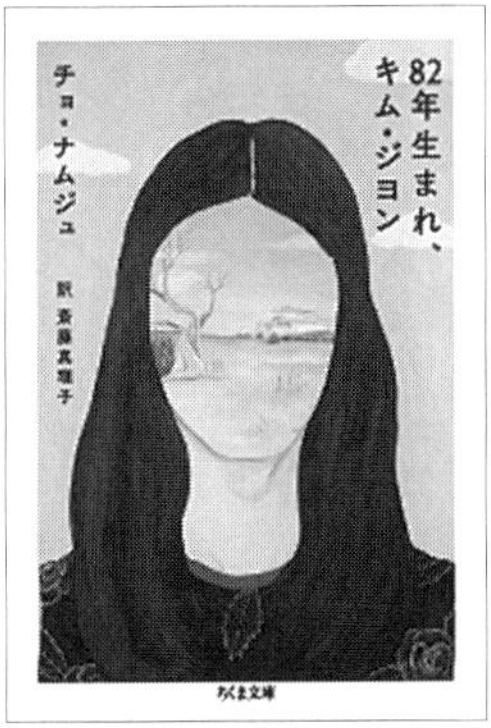

『82年生まれ、キム・ジヨン』チョ・ナムジュ著、斎藤真理子訳、ちくま文庫

『82年生まれ、キム・ジヨン』は、主人公が生まれたときからずっと女性として差別されてきた苦労を、背景情報の解説を交えて描いた異色の作品です。日本でも最近はフェミニズム色が強い良質な小説が続々と刊行されていますが、この頃すでに韓国ではフェミニズム小説が一つのジャンルを成していました。そうした作品が、日本で人気を集めるようになっていくのです。

そしてコロナ禍に入って間もなく、第四次韓流ブームが始まります。最初にご紹介した、ネットフリックスが提供する『愛の不時着』、ドラマ界のアカデミー賞と言われるアメリカのエミー賞六冠となる『イカゲーム』が大ヒットしました。二〇二二年の夏にテレビで放送された『六本木クラス』は、韓国で二〇二〇年に放送された『梨泰院《イテウォン》クラス』のリメイクです。アイドルとしては、IVE、TOMORROW×《バイ》TOGETHER、NiziU《ニジュー》などが人気です。

アメリカで学んできたプロデューサーが世界へ売り出すことを狙ってアイドルを育てる、映画も予算をかけて世界に向けて発信する、ドラマは一九九九年から両性平等メディア賞が創設されてジェンダーギャップに配慮し製作される、出版関連の企業を集積させた坡州《パジュ》市など、エンターテインメント業界をサポートしクオリティが高い作品をつくる体制が整っているのです。そうした環境が質の高いエンターテインメント作品を輩出するようになり、日本を含む世界各地で熱狂的ファンが生まれています。

韓流ファンはコロナ前、韓国を何度も訪れ楽しんできました。韓国は飛行機で約二時間半と近く、時差もありません。週末に気軽に訪れることができる国なのです。もちろん、現地でおいしい料理も楽しめます。何度も韓国を訪れ、料理を堪能した人たちは、日本でもそうした料理を求めるかもしれません。最近、韓国の料理が大人たちの間でも続々と流行しています。ニンニクとバターをたっぷり使ったガーリックトーストの仲間、マヌルパンは韓国からやってきた流行です。鶏肉を丸ごと使ったサムゲタン、豆腐や野菜がたっぷり入ったスンドゥブチゲ、春雨入りの炒めもの、チャプチェなどは、ほかの日本の総菜と同列に並べてレシピ本に収録されています。最近のレシピ本は、ガパオやソムタムなどのタイ料理、バターチキンカレーなどのインド料理も日常の総菜として組み入れていることが珍しくありませんが、韓国の定番料理もそうした中に組み入れられているのです。

韓国のり巻きのキンパや、焼いた豚バラ肉をサンチュなどで巻いて食べるサムギョプサルなどは、専門店まで出現しています。

なぜ、韓国料理が人気なのか

第三次韓流ブームから先は、SNSなどでダイレクトに流行が入ってきたことをお伝えしました。第三次ブームと重なる二〇一〇年代後半は、インターネット発の情報が力を持ち始めた時代です。SNSは世界中に広がり、雑誌も紙媒体からウェブマガジンへ、中心舞台を移しました。K‐POPアイドルの情報は、ユーチューブなどでも気軽に見られます。韓流ファンの中には、フォローしたいアイドル情報の量が多過ぎて、日本のアイドルに関心を持つ暇がないという人すらいます。そしてネットフリックスやアマゾン・プライムなどで、過去に放送されたドラマも気軽に見ることができます。テレビのBS放送では、韓国だけにとどまらず、外国の人気ドラマが常に放送されるようになっています。

グローバリゼーションが世界を覆った、とはよく言われています。世界は本当に小さくなり、特に映像・写真はコンテンツの発信源がどこであろうと関係なく、ハマる人たちがふえる時代になりました。韓流ファンたちは、韓国語を勉強していることが珍しくありません。特に今の一〇代、二〇代は、くり返される韓流ブームの中で育ってきたとも言えます。KARAをテレビで見てから関心を持った人がいます。韓国小説を読んで育った読書好きもいます。母と娘が一緒に韓流スターを追いかけていて、置いて行かれているのはお父さんだけ、という声すらあります。

もちろん、日韓の間には、さまざまな問題が今も山積しています。韓国を嫌いな日本人も、日本が嫌いな韓国人も残念ながらいます。それでも、カッコいいモノはカッコいい、おもしろいモノはおもしろい。葛藤を乗り越え、文化は伝播していきます。文化に力を入れることで平和な町を築こうとした人たちは、戦後たくさんいましたが、このように文化交流があればお互いへのリスペクトや親近感が育ちますし、親しくなった人たちとは戦いたくないと考えるのではないでしょうか。

韓国の料理は、日本で使われている食材と似通った食材を使うものが少なくありません。スンドゥブチゲが定番化しつつあるのも、使う材料が、豆腐、アサリ、エビ、タマネギ、長ネギ、ニンニク、粉唐辛子、醬油、卵など日本のスーパーで手軽に入るものだからでしょう。栄養価が高くうまみがたっぷり。共通点もあるけれど、少し違うお隣の食文化。もっと知りたい人はたくさんいるでしょう。そうした人たちが社会についても学び、お互いの深い溝を少しずつでも埋めていくのかもしれません。

第二章

「食ドラマ」の変遷に見る時代の変化

食ドラマの始まり

近頃、食が重要な役割を果たす、あるいは食をテーマにした物語が世の中にあふれています。テレビドラマや映画、小説、漫画など、あらゆるジャンルにわたって、食でストーリーを紡ぐ時代になったかのようです。いったいなぜ、そんな風になったのでしょうか。今回は、『日本外食全史』と『昭和の洋食　平成のカフェ飯　家庭料理の80年』をベースに、そうした物語を「食ドラマ」と呼び、歴史をひもといていきたいと思います。

食ドラマを描き始めた最初は、漫画でした。その前史と言えそうなのが、月刊漫画誌の『少女』（光文社）で一九四九（昭和二四）～一九五五年に連載された時代モノの『あんみつ姫』（倉金章介）です。しかし、このときはキャラクターに菓子の名前がついているだけでした。日本中の人々がお腹を空かせていた時代、食べものの名前を連呼することでイメージを膨らませた子どもがたくさんいたのでしょう。

グルメ漫画研究家の杉村啓が書いた『グルメ漫画50年史』（星海社新書、二〇一七年）によれば、外食元年と言われた一九七〇年は、食ドラマの元年でもあります。この年、『週刊少年ジャンプ』（集英社）で描かれた『突撃ラーメン』（望月三起也）、『なかよし』（講談社）で描かれた『ケーキケーキケーキ』（一ノ木アヤ原作、萩尾望都作画）、『しんぶん赤旗』（日本共産党中央委員会）に描かれた『台所剣法』（亀井三恵子）、と三つも連載が始まりました。

『突撃ラーメン』は、ラーメン屋の二代目がコンテストで優勝したにもかかわらず、謎の焼身自殺を遂げ、息子が原因となった相手に復讐しよう、とラーメン修業を始める話です。『ケーキケーキケーキ』は、ケーキが大好きな少女がパリで修業し一人前になる話で、こちらでも話を盛り上げる要素としてコンクールが登場します。『台所剣法』は二〇一五年まで続いた長期連載で、主人公の主婦がときどき料理のコツを伝えたりする、緩い一話八コマ程度の漫画です。少年漫画、少女漫画、大人向け、とひと通りの漫画ジャンルで同じ年に食ドラマが誕生したと言えます。

エポックメイキングとなった物語が、一九七三年に『週刊少年ジャンプ』で連載が始まった『包丁人味平』（牛次郎原作、ビッグ錠作画）です。一九六〇〜一九七〇年代はスポ根漫画の時代です。代表的な作品が『巨人の星』（梶原一騎原作、川崎のぼる作画、講談社）で、テレビアニメ化もされました。味平は料理で次々と敵と戦っていきます。スポーツ漫画では魔球が登場しましたが、同作でも、現実にはあり得ない必殺技が次々と登場します。目にも止まらぬ速さでキュウリを切る、糸で豚一頭をさばいてしまうなどの技が登場しました。敵をどうやって打ち破るかハラハラする物語を展開し、人間的な成長も描くなど、杉村はこの漫画が、その後のグルメ漫画のベースをつくったと指摘しています。

グルメブームの落とし子

一九八三（昭和五八）年、グルメブームを盛り上げるうえで大きな役割を果たした漫画、『美味しんぼ』（雁屋哲原作、花咲アキラ作画）が『ビッグコミックスピリッツ』（小学館）で連載を開始し、テレビアニメ化もされました。この物語は、新聞社に勤めるグータラ記者、山岡士郎がまじめな新入社員、栗田ゆう子と、創立一〇〇周年事業の「究極のメニュー」づ

『美味しんぼ1』雁屋哲作、花咲アキラ画、小学館

くりを任されたところから始まります。山岡は、実は食材や料理の情報に精通していて味覚が確かです。そこへライバル社が「至高のメニュー」の企画を稀代の美食家、海原雄山に依頼したことから対決モノになっていきます。料理に関わる職人などの人生ドラマに、確執のある親子だった山岡と海原の対決が見所です。原作者の雁屋は、当時始まったばかりのグルメブームが表層的だと危惧しており、本当においしい料理を出す職人とそれを見分けるグルメの客を育てようとした側面があります。実際、この漫画を通して食の奥深さに目覚めた読者は大勢いましたし、メニュー対決の際に食べ手の人たちが語る「まったりとしたコクのある味わい」といったグルメ表現をマネする若者がたくさんいました。

その時代に、おそらく世界で初めてと思われるグルメ映画が誕生します。一九八五年公開の伊丹十三監督作品『タンポポ』です。「ラーメン・ウエスタン」と銘打ち、幹線道路沿いのさびれたラーメン店を、通りすがりのトラック運転手が再生させる物語。運転手のゴローを山﨑努が、夫の跡を継いだ素人店主のタンポポを宮本信子が演じています。もと、もと、一九八四年にテレビの情報番組『愛川欽也の探検レストラン』(テレビ朝日系)が、テレビ番組で初めてラーメン屋を取り上げたことがきっかけです。「ラーメン大戦争!」というそのコーナーは一九八四年一一月に放送され、ぐんぐん人気を増していったのです。それは荻窪で閑古鳥が鳴いていたラーメン店「佐久信」を再生させる、という企画でした。

同映画には、グルメな伊丹十三による、当時のブームへの皮肉がちりばめられています。タンポポが料理の技を教わる相手に、都心の一流レストランの残飯で舌を肥えさせたホームレスの男性たちがいます。また本筋とは外れて食を性の快楽と結びつけるカップルや、フランス料理の会食でメニューがちんぷんかんぷんの上司たちをしり目に、一人でコースを仕立て上げる若手サラリーマンのエピソードが登場します。

つまり、日本の食ドラマを育てたのは、産声を上げたばかりのグルメブームだったと言えます。食に対して深い造詣を持つグルメのクリエイターたちが危機感を抱いたからこそ、新しい時代を切り開くような食ドラマを生み出せたとも言えるでしょう。ちなみに、一九八七年にはデンマークで小説を原作にした『バベットの晩餐会』という名作映画が生み出されています。一九世紀後半、フランスの有名レストランのシェフをしていた女性バベットが、パリ・コミューンのどさくさですべてを失い、海沿いの寒村で暮らす牧師の娘たちの家へ家政婦としてやってきます。信心深い村人たちは質素な生活を送っていますが、宝くじに当たったバベットは、賞金をつぎ込んで彼らを招き、一世一代の食事会を開くのです。深い感動を与えるこの作品は、二〇一六年にデジタルリマスター版ができました。欧米でも、食ドラマの映画が出てきますが、続出するようになったのは二一世紀に入ってからと言えるでしょう。

フランス料理の世界

フランス料理は、世界三大料理と呼ばれるだけあって、食ドラマの世界でも特別な位置にあるようです。フランス料理を題材にした食ドラマを確認していきましょう。一九九五年、三谷幸喜脚本で人気を博した連続ドラマが『王様のレストラン』（フジテレビ系）です。舞台は、バブルの崩壊で閑古鳥が鳴く「ベル・エキップ」というレストランです。バブル期には、カップルがフランス料理店でクリスマスにデートすることが大流行しましたが、バブル崩壊とともに懐具合が厳しくなる人がふえましたし、企業の接待需要も激減してしまったため、客足が遠のき閉店に追い込まれた店が続出していたのです。

この店のオーナーシェフが亡くなり、店を相続した彼の愛人の息子である原田禄郎《ろくろう》という青年を、以前この店にいた伝説のギャルソン、千石武が連れてきます。禄郎を演じるのは筒井道隆、千石を演じるのは九代目松本幸四郎（現二代目松本白鸚《はくおう》）です。店のシェフをしていたのは、山口智子演じる磯野しずか。実はフランスで料理を食べ歩いていただけの素人ですが、千石は彼女に才能があると見込み、育てていこうと決心します。支配人は元オーナーの息子でどこか頼りない西村雅彦演じる水原範朝《のりとも》、バーテンダーに彼の愛人の鈴木京香演じる三条政子、と三谷作品おなじみのキャストです。この作品の音楽は、いまだにバラエティ番組などで、レストランをイメージするBGMとしてよく使われています。

五〇〇万部のベストセラーとなった少女漫画『おいしい関係』（槇村さとる）も、一九九六（平成八）年にテレビドラマ化されました。原作は『YOUNG YOU』（集英社）で一九九三年から一九九九年に連載されました。主人公はお金持ちでグルメの父親にレストランへ連れ歩いてもらった藤原百恵です。父が亡くなると、実は莫大な借金を抱えていたことがわかり、藤原は短大を辞めてシェフ修業を始めます。最初は料理らしい料理もできなかったのに、持ち前の鋭い舌と根性で腕を磨いていく。恋愛要素もあります。

『おいしい関係1』槇村さとる著、集英社

どちらの話も、フランス料理はふんだんに出てきますが、物語の軸足は人間ドラマにあります。どちらも主役の料理人が女性です。『おいしい関係』の中で、藤原の恋のライバルでもある敏腕フードプロデューサーの今村可奈子が、女性シェフにスポットを当てるテレビドキュメンタリーの企画を藤原の上司に持ち込むのですが、そのとき今村が、この店は人間関係が良好でシェフも理解があるが、多くのレストランでは厨房で働く女性に光を当てることを嫌がると話します。料理人の世界は、一瞬の動きが料理をダメにしてしまうことすらある緊張度の高い世界です。体力も必要。前近代的なしくみも残っていました。でも、この頃は職人をめざす若者がふえ、女性が社会で活躍する場を求め脚光を浴びた時代でもあり、女性シェフという設定はいかにもこの時代らしかったと言えます。

しかし、社会の期待も女性自身のやる気も、まだ本物とは言えなかったかもしれません。『王様のレストラン』で、磯野は引き抜きの話があったのに、仲間と仕事したいからとその申し出を断ってしまいます。『おいしい関係』の藤原は、愛情豊かな女性で周りの傷ついた人たちを癒していきます。コンテストに出場して挫折しますが、その味を「やさしくてしみる、女でなきゃ作れない料理」、と審査員の男性は批評します。「女らしい」主人公は、プロのトップを争うより、その優しさを発揮することが本道だと評されてしまったのです。

食ドラマの世界で、フランス料理の技術にきちんと目を向け表現するようになったのは、二〇一〇年代になってからです。二〇一五年に放送された『天皇の料理番』（TBS系）は、大正天皇が即位する御大礼の晩餐会を仕切るため宮内省（現宮内庁）に入り、一九七二年まで勤め上げた秋山徳蔵をモデルにした小説が原作です。この作品は一九八〇年に堺正章主演で連続ドラマ化され、一九九三年にも高嶋政伸主演でスペシャルドラマになっています。二〇一五年版の主役を演じたのは佐藤健《たける》です。

ドラマの中で、先輩からわざと間違った指示を与えられ、秋山がつけ合わせのジャガイモの切り方を間違える場面があります。気づいた秋山は大急ぎでやり直すのですが、その包丁さばきが見事で、佐藤健は演技のために料理修業をしたと聞いています。

一流料理人たちが各店の料理を監修し、使う食材のリストを画面に表示するなど本格的につくり上げたドラマが、二〇一九年に放送された連続ドラマ『グランメゾン東京』（TBS系）です。パリで大きな失敗をして業界を追放されていた伝説の料理人、尾花夏樹が、腕が伸び悩んでいる料理人、早見倫子に誘われ、東京でミシュランの星をめざすレストランを開業します。ライバル店も登場し、最先端の技術を競い合います。尾花を演じるのは木村拓哉、早見を演じるのは鈴木京香です。ライバル店のシェフ、丹後学は尾上菊之助が演じました。恋愛要素がほぼ出てこない連続ドラマで女性の料理人やジャーナリストも登場しますが、男性は名字で呼ばれるのに女性は下の名前で呼ばれてしまいます。日本のドラマはここに至ってまだ、女性を軽く見る傾向が残っているのです。

ここまで、主にプロの料理の厨房内に焦点を当てた歴史を、一気にたどってきました。

こうして見ていくと、日本人の食への関心が時代を追うごとに深まっていったことや、荒唐無稽な設定からリアリティの追求へ変わったこと、女性の社会的地位や意識が変わっていったことが見て取れます。人気の食ドラマからは、時代が透けて見えるのです。

家庭料理人の世界

家庭のキッチンを描いた食ドラマは、女性が台所の担い手だと当たり前過ぎるのでしょうか。昭和後期と平成に、男性がキッチンに立つ秀逸な物語が生まれています。どちらも『モーニング』（講談社）で連載されたのですが、これらの漫画に影響されて料理をするようになった男性もいるかもしれません。

先に出てきたのは、一九八五年に連載が始まった『クッキングパパ』（うえやまとち）です。主人公は博多で会社員を務める荒岩一味《かずみ》。新聞社に勤める妻との間に息子がいます。職住近接の環境もあり、連載開始当初は小学校二年生の設定だった息子のため、仕事の途中で抜けて夕食を準備し、その後仕事に戻る生活をしています。最近でこそ、カップルの家事シェアやワークライフバランスが大切と、考えられるようになっていますが、荒岩夫妻は、時代の先を行っていました。

毎回イラストとともにレシピが掲載されるところも、人気になった理由でした。物語は一話完結ですが、何か問題を抱える人が相談に来るなど、家族や仲間の関係をよくするために料理が使われています。連載が始まった頃は、『きょうの料理』で「男の料理」コーナーが始まって二年。腕自慢の男性がごちそうをつくる姿は報道されるようになっていましたが、日常の食卓を大っぴらに整えるのは憚《はばか》られた時代だったからでしょうか。荒岩は当初、弁当も差し入れする料理も、妻がつくったことにしていました。『グルメ漫画50年史』によると、料理ができることをカミングアウトしたのは、一九九八年です。

二〇一九年に実写でテレビドラマ化され、その後映画にもなった人気連載が、二〇〇七年から始まった『きのう何食べた?』（テレビ東京系）です。原作者のよしながふみは、男女を入れ替えた『大奥』（白泉社）やゲイ男性のパティシエを描いた『西洋骨董洋菓子店』（新書館）など、従来の男女の役割や関係性を問う作品をいくつも送り出していますが、

『きのう何食べた?1』よしながふみ著、講談社

『きのう何食べた?』も、ゲイカップルが主人公の物語です。

筧《かけい》史朗は、子どもに頼れない老後に備えて節約生活をする弁護士。職場にはゲイであることを隠しています。パートナーの美容師、矢吹賢二は、周りの人にカミングアウトし、史朗ともっとイチャイチャしたいと思っています。ふだんは栄養バランスと家計に配慮した料理を史朗が用意します。ドラマでは筧を西島秀俊が、矢吹を内野聖陽《せいよう》が演じました。

長い連載の間、彼らの家族や職場の同僚、友人などさまざまな人物が絡み、それぞれの人生が交錯しますが、基本的には史朗がつくるある日の夕食をメインにした、日常を描く物語です。四〇代で始まった二人の生活は五〇代半ばになり、その間に史朗の父が倒れたり、老人ホームへ移ったりします。賢二の父はDVを働いて離婚し、一人で亡くなりますが、美容師の母は賢二と姉たちを立派に育て上げました。

よく登場するのが、友人のゲイカップルで、芸能プロダクション勤めの小日向大策、デイトレーダーの井上航《わたる》です。小日向は井上のわがままを嬉々として受け入れ、高給取りらしく高級料理に腕を振るいます。彼らの冷蔵庫が壊れたとき、残った食材を急いで料理してしまおう、と筧が助っ人として呼ばれるのですが、庶民的な総菜ばかりつくっている彼に高級食材はお手上げで、ふだん大量売りの食材を分け合っている主婦の富永佳代子に応援を頼みます。彼女は鮮やかな腕前でなんちゃってローストビーフをつくり上げました。

登場人物が料理するたびに、手順をセリフにして語るので、漫画自体がレシピになっていて、マネしたくなるアイデアが満載されています。そして現代の物語らしく、ゲイへの偏見、老いていく家族との関係、覚のもとへ持ち込まれる依頼主の苦しみなどの社会問題がいくつも盛り込まれていて、食を通して人が生きることやつながることについて考えさせられます。

食が人をつなぐ物語

二一世紀に入って、食ドラマは花盛りになりました。漫画には半世紀もの食ドラマの歴史があり、多彩な作品群があります。一方、テレビドラマでは、ときどき料理人や飲食店を舞台にした作品が登場しますが、一九九〇年代までは料理は舞台設定や小道具の扱いで、物語の中心にあるのは、食に関わる登場人物の人生や人間関係でした。

ところが二一世紀に入ると、料理が人と人の関係をつないだり、料理と人の関係を描く物語がふえ、いかにもおいしそうな料理がアップで出てくる場面も多くなりました。その違いは、先ほどご紹介したフランス料理人の物語でも、クッキリと現れています。一九九〇年代のドラマは、レストラン事情のリアリティは少なめですが、人間の葛藤や関係性は深く描かれています。一方、二一世紀のドラマでは、料理がどのように扱われているかも重要になっているのです。

料理の役割が目立った最初のドラマは、視聴率はそれほど高くなかったのですが、木皿泉の脚本が向田邦子賞を取るなど後で高評価を受けた、『すいか』(日本テレビ系)です。二〇〇三年に放送された連続ドラマで、路面電車が走る東京・三軒茶屋の古い下宿屋が舞台です。信用金庫に勤める三四歳のさえない会社員、早川基子が抑圧を強める母の支配から逃れようと、この下宿で一人暮らしを始めます。彼女には、つい最近会社のお金を横領して蒸発した、馬場万里子という親友がいました。早川を演じるのは小林聡美、馬場を演じるのは小泉今日子です。下宿には、浮世離れした大学教授の崎谷夏子を演じる浅丘ルリ子、実家と確執がある漫画家で自己評価が低い亀山絆を演じるともさかりえ、崎谷の教え子で入りびたる出版社勤務の間々田伝を演じる高橋克実など、世渡りはヘタだが個性豊かなキャラクターが集っています。旅に出た父親に下宿を任され食事を出す管理人は、市川実日子《みかこ》が演じる芝本ゆかです。

キャラクターたちが心を通わせるにつれ、ともに食卓を囲む場面が目立ってきます。途中で餃子を焼くのが上手、と駆り出されるのが亀山。最後のほうでこっそり早川を訪ねてきた馬場は、一緒に旅立とうと誘った早川から断られますが「今度一緒に鍋をしよう」と言われて、買い出すべき食材リストを抱えて再び逃亡の旅に出ます。食事と人間関係の深さ、生活の尊さが次第に浮き上がってくるドラマです。このドラマで料理を提供したフードスタイリストが、飯島奈美。その少し前から、小林聡美が登場する食パンのCMでもおいしそうな画面が話題になっていました。

その後、飯島が提供した料理も話題になる映画が続々と登場します。二〇〇六年公開の小林聡美がフィンランドで和定食の食堂を開く女性を演じる『かもめ食堂』、二〇〇九年公開のノンフィクションが土台になった、南極ドーム基地で料理人を務める男性を堺雅人が演じた『南極料理人』、同年公開の小西真奈美演じるシングルマザーの奮闘を描く『のんちゃんのり弁』、二〇一五年に映画版一作目が公開された、客の悩みを料理で解決する料理人に小林薫が扮する『深夜食堂』などがあります。是枝裕和作品でも料理を提供しています。

おいしそうな場面に感情移入する観客は、たくさんいたと思います。飯島の仕事を見ていくだけで、いかに料理が重要な映画がふえたか伝わってくると思いませんか？

食べ手が主役になる時代

いったいなぜ、料理がこんなにも物語の中で重要な役割を果たすようになったのでしょうか？　要因の一つはこの数十年で日本人がすっかりグルメ化し、料理への関心を強めたことが考えられます。ＳＮＳが発達したこの一〇年は、料理の写真や動画が日々、インターネットで大量に公開されています。友人が伝えるおいしい食事、腕自慢の料理をＳＮＳで見る人の中には自分の料理に引け目を感じる人が出る問題も生まれてしまいました。

もう一つは、ライフスタイルの多様化が進み、共通体験が少なくなっていることです。人が小さなコミュニティの中で暮らしていたときは、隣近所の人たちの人柄や性格、仕事までよく知っている人がたくさんいました。ご近所との関係が次第に希薄になる都市化が進んだ昭和後期は、話題のテレビや漫画の作品やアイドルたちが、同世代の共通言語になりました。

しかし、平成以降に育った世代は、隣近所にどんな人がいてどんな暮らしをしているのか知らないことが珍しくありません。二〇〇〇年以降は、音楽やドラマの国民的作品も少なくなっています。一方で、インターネットが発達したことで、海外の作品が好きな人、昔の作品に興味を持つ人もいます。家族構成もさまざまですし、親が離婚しているなど複雑な環境で育つことが珍しくなくなり、互いを尊重する距離を探りながら、人間関係をつくるようになっています。性的嗜好も多様であることが知られるようになり、若い人に

「結婚しないの?」と言ったり、不妊治療中かもしれない人に「お子さんはまだ?」など軽々しく言えないようになりました。多様性を尊重することは大切ですが、ある程度相手のプライバシーに踏み込まないと関係は深まらない。どのように人間関係を築いていけばいいのか、まだ私たちは手探りしていると言えます。

そんな時代に共通言語として使えそうなのが、誰もが体験する食べることです。食べることなら、人と親しくなるきっかけをつくれるかもしれません。ともに食事をする、つくることで親しくなることはできるからです。

深夜番組では、近年おもしろい食ドラマが次々に登場しています。その代表的な作品が、食で安易に関係をつくらない、という主張が見える、二〇一二年から毎年放送が続くシリーズ『孤独のグルメ』(テレビ東京系)です。松重豊演じる雑貨商の個人事業主、井之頭《いのがしら》五郎があちこちの町に商談で訪れ、営業で消耗し無性にお腹が空いて飲食店を探す。そして、一人で三人前ぐらいの料理を注文するドラマです。商談↓食事↓満腹になって満

『孤独のグルメ Season10』
Blu-ray&DVD 発売中　© テレビ東京

足する、という単純なくり返しですが、実在の店で店主などを有名俳優が演じることや、おいしそうに食べる姿に刺激される人が続出するなど、話題が多い作品です。

井之頭はいつも、話が長い、どんどん話が脱線する、優柔不断過ぎる、見合い話を持ち込もうとするなど、めんどくさい相手と商談をするのに疲れ、一人で食事する「孤高の行為」を堪能します。彼は独身で結婚するつもりはまったくありません。ライフスタイルが多様であることは、頭では理解していても気持ちがついていけない人がたくさんいる時代のちぐはぐさも、このドラマは象徴しています。そして、おいしい料理をたっぷり食べる幸福感は前面に出ていますが、料理自体が心を癒す特別な存在であったり、料理人の思いが伝わったり、店主や常連と関係ができたりすることは一切ありません。その意味で、食ドラマでありながら、あふれかえる世の中の食ドラマへの批評も含んでいるのです。

第三章

令和に起こった
ご飯革命

A delicious history of modern Japanese food trends.

女性のライフスタイルと食トレンド

海外との交流が活発になった幕末から現在まで、食のトレンドを軸に歴史をたどってみると、女性が人権を持ち行動の自由度を増した戦後は、女性たちが主導する流行も多かったことが見えてきました。それは台所の担い手となる人が多く、食の決定権が女性にあることも要因の一つだと思います。

第四章、第五章でお伝えしたように、家庭の食卓でも流行は生まれています。それはキッチンの環境が変わったことや外食・中食の選択肢がふえたことが大きな要因です。メディアがふえ、メディアを通して料理家たちがレシピを発信するからでもあります。その流行は、女性のライフスタイルとも大いに関係があります。高度経済成長期は、女性たちがこぞって主婦になった時代で、近代化されたキッチンを手に入れ、時間的余裕ができた主婦たちは、張り切って手の込んだ新しい料理をつくりました。その頃流行った洋食や中華は、栄養が豊かでおいしいものが多い。だからすっかり定番として定着したのですが、その中には手のかかる料理も少なくありませんでした。

一九七五（昭和五〇）年は、二〇年近い高度経済成長により私たちが一般的、と思い込んだサラリーマンと主婦、二人の子どもというライフスタイルが多数派でなくなり始めた、エポックメイキングな年です。まず、第一次オイルショックの影響で、正社員だった既婚女性がたくさんリストラに遭ったことも影響し、日本の専業主婦率は五六・四パーセントとピークに達しました。男性の給料がぐんぐん伸びる時代が終わりますが、高学歴化が進み子どもの教育費がかかるようになったこともあり、多くの妻たちがパートなどの仕事に出るようになっていきます。一九九七（平成九）年以降は共働き家庭がすっかり現役世代の多数派になり、現在では共働きの女性が専業主婦の倍以上を占めるようになっています。一世帯あたりの子どもの数も二人から一人にへる、晩婚化・非婚化とともに、少子化が始まるのが一九七五年以降です。今や最も多い家族構成は、一人世帯になりました。

また、一九七〇年代は第二波と呼ばれるフェミニズム・ムーブメントの時代で、男女平等を求める女性たちがふえました。主婦の女性たちも、「自分たちは夫の付属品ではない。独立した人格を持つ人間だ」と主張します。それは逆に、憲法が変わったとは言っても、実態は女性の人権が家庭になかったことを示しています。一人前と認められたくて、働こうと考えた女性もいます。もちろん、結婚していない女性も働く必要がありました。

世界中の女性たちが人権を求めて戦った結果、一九七九年に女性差別撤廃条約が国連で採択され、日本も批准するため一九八五（昭和六〇）年に男女雇用機会均等法を成立させました。均等法はしかし、「ザル法」と言われ、同時期に生まれた労働者派遣法や第三者被保険者制度によって、男性並みに働く女性を一部に抑え、女性の多数派を低賃金で不安定な非正規雇用者、あるいは主婦にとどめた点で批判もされています。しかし少なくとも、女性も一人前に働くべきだ、という風潮を生んだのは間違いありません。結婚しているかしていないかに関わらず、働こうとする女性はふえていったのです。

このように、女性たちがこぞって主婦になった時代が終わり、ライフスタイルの多様化が始まったのが一九七五年でした。そして、自分の財布を握った女性たちは、欲しいモノを買うようになり、食のトレンドが次々と生まれていったのです。

一九八〇～一九九〇年代の時短ブーム

ここからは、主に『ラクしておいしい令和のごはん革命』（主婦の友社）と『昭和の洋食平成のカフェ飯』で書いたことをベースにお伝えします。女性の変化を反映し、家庭料理の世界ではこれまでに二度、時短レシピが流行しています。時短レシピとは、従来より手間を省いて調理時間を短縮するレシピのことです。多忙になった女性たちは、急いで料理し家族に出さなければならなくなったのです。

一度目のブームは、一九八〇年代から一九九〇年代にかけて起こりました。働く主婦がふえたことが大きな要因です。まず、女性の主婦化が進んだ高度経済成長期、新しい標準的な食卓ができました。サラリーマンと主婦、二人の子どもという家族が普通とされたように、「あるべき食卓」というイメージが、この頃できあがったのです。そして、家族の形への思い込みと同じように、食卓の形についてもこの頃広がったものが正しい、と思い込む人がたくさん出てきました。その食卓とはこのようなものです。

家族がそろう食事では、一度に何皿も料理を並べ、その料理はその都度違うものにする。一九八〇年代には一汁三菜が流行し、あるべき品数はさらにふえました。

それまでの食事は、具だくさんの煮込みうどんなどの一品でも成立していましたし、ご飯と汁だけつくって漬けものや常備菜を出してくるだけ、という食事もありました。主婦化が進む前は庶民の女性はほかに仕事を持っていて忙しかったですし、一度に何品も料理を出す経済的な余裕がない家庭もたくさんありました。コンロも一つか二つしかなく、炊飯器もなかったので、一度に何品も料理する調理場もありませんでした。高度経済成長期前には、麦飯や雑穀ご飯が農村部では一般的でしたし、サツマイモや麺類を主食にするなど、コメのご飯を主食にできなかった家さえたくさんあったのです。多忙さと貧しさのため、そもそも品数を揃えたりバラエティを豊かにすることができなかったのでした。

日本が経済的に豊かになり、庶民も品数を揃え、レパートリーをふやすことができるようになった結果、栄養バランスが整った変化のある食事が標準になりました。人は一度豊かさを体験してしまうと、後戻りすることは難しくなります。再び、外で働く女性がふえた時代に、何とか豊かな食卓を維持しようと生まれたのが、時短レシピです。

この時代、一世を風靡したのが料理家の小林カツ代でした。ワンタンに具材を包まず、皮と丸めただけの肉団子をスープに落とす「わが道をゆくワンタン」や、フライパンにコメがこびりつくのを防ぐため、具材だけを炒めて皿で熱々ご飯と混ぜたチャーハンなど、みんなが親しんだ定番料理を簡略化したレシピを次々と考案し、時代の寵児になりました。一九九〇年代に人気だった『きょうの料理』の企画、「20分で晩ごはん」を考案したのも小林です。彼女が大人気になったのは、「かんたんでいい」「上手でなくてもいい」と、料理の腕に自信がない読者や視聴者たちを励ます温かさを持っていたからでもあります。それは、自身が新婚時代に料理経験ゼロで、出汁を取らない味噌汁で、乾燥ワカメを大量に入れ過ぎる失敗をしたからでもありました。ベストセラーになった『小林カツ代のらくらくクッキング』（文化出版局、一九八〇年）で、「料理やお菓子は、失敗するとほんとにがっかりしてしまいます」と書いています。できない人の気持ちがわかる料理家だったからこそ、彼女は大人気になったのです。

一九八五年、『オレンジページ』（オレンジページ）が創刊されます。この頃、従来の主婦雑誌が売れなくなって休刊が相次ぐ一方、高度経済成長期に生まれた世代に向けた生活情報誌が続々と創刊されていきましたが、その中で代表的なのがこの雑誌です。主婦雑誌は主婦としての心得を教える啓発的な内容も含んでいましたが、生活情報誌は実用に徹して若い世代に喜ばれました。また、テーマを毎回絞り、主に味つけのバリエーションで大量のレシピを提案しました。キャベツ一個を使い切る、カレーなどの定番料理・食材でどれだけの変化をつけられるか、という特集が人気でした。丸めて包むといった手の込んだ工程は鳴りを潜め、その頃のアジア料理のブームも影響して、カレー味にする、豆板醬で辛

小林カツ代（小林カツ代キッチンスタジオ提供）

くするなど、新しい味を伝えていきました。十数枚に渡るアジのさばき方の写真をつけるなど、初心者がわかりやすいよう工夫しています。

一九九〇年代には、『きょうの料理』もくり返し時短特集をしましたが、その中で目立ったのが家電を活用したレシピです。私は「平成三種の神器」と呼んでいるのですが、それは電子レンジ・フードプロセッサー・オーブントースターです。

家庭用の電子レンジは一九六五年に松下電器産業（現パナソニック）を皮切りに発売されていたのですが、かさばって高額な割にご飯を温め直す以外の機能が知られなかったためなかなか売れず、普及率が八割を超えたのは一九九三年、と一般的になるのに時間がかかったのです。しかしその頃に普及が加速し、一九九七年には九割を超えました。この頃電子レンジが売れるようになったのは、ハウス食品工業（現ハウス食品）の「レンジグルメ」やニチレイの「新・レンジ生活」などの電子レンジ対応の加工食品が登場したこと、人気料理家の栗原はるみが『おいしいね　電子レンジ』（講談社）を出すなど、レシピ本も充実し始めたからです。電子レンジを野菜の下ゆでなどに使い、調理時間を短縮するレシピが人気を博しました。そして、働く女性たちが活用し始め普及したのでしょう。

フードプロセッサーは当時新しかった家電です。料理で時間がかかるのは、皮をむく、切るといった野菜の下処理です。今もさまざまな便利グッズや家電が流行していますが、一九九〇年代初めの人気は、何と言ってもせん切りやみじん切りがかんたんになるフードプロセッサーでした。

オーブントースターは、パンをトーストする、もちを焼くというのが一般的な使い方ですが、この頃はオーブン替わりにグラタンなどを焼くことが流行しました。駆け出しライターだった私は、家電メーカーの料理のチラシ制作に携わっていたのですが、経費を節約したかった先輩に頼まれて自宅のオーブントースターを会社へ持っていき、オーブントースター特集の撮影で使いました。何しろ一日で一〇回、二〇回とトースターを使うため壊れてしまい、結局新しいモノを弁償してもらいました。トースターが新しくなって、パンがおいしく焼けるようになったので、私がトクをした思い出があります。

フライパン一つでつくれるレシピも、この頃から出てきました。最初にレシピ本を出したのはおそらく、小林カツ代です。『「ビギナーも、ベテランも」小林カツ代のフライパン1つあれば！』（雄鶏社）という本が一九九五年に出ています。この頃驚きだった、サバの味噌煮をフライパンでつくる方法も、二〇〇〇年代に入ると定着していきました。

二度目の時短ブーム

時短ブームは二〇〇〇年代に入るといったん落ち着きますが、二〇一〇年代半ばから再燃します。それは、共働きする子育て世代がふえてきたからです。均等法から四半世紀経ち、不況が長引いたこともあり、結婚で仕事を辞める女性は少なくなっていました。しかし、育児期の女性をサポートするしくみがなかなか整わなかったこともあり、子どもが生まれるといったん退職し、子育てが一段落してから非正規などで再び働く人が一般的でした。しかしこの頃になると、国を挙げた少子化対策で保育園がふえたことや、男性の給料の伸び悩みで妻が非正規では家計が厳しい、という家庭もふえ、育児休業の後、職場に復帰する女性たちが多くなったのです。

しかし、夫たちの多くが長時間労働で家にいないうえ、小さな子どもを抱えて仕事と家事を両立をさせるのは本当に大変です。この頃から家事の省力化を求めるムーブメントが大きくなり、現代の生活に合った方法や考え方が、次々と提案されるようになりました。その代表的な存在が時短レシピです。

時短レシピも最初の流行から三〇年を過ぎ、ずいぶん進化しました。二度目に流行ったモノは、いくつかのパターンにわけられます。フライパン一つ鍋一つなどの、洗いものを少なくするレシピ、使う食材をへらす、ジャガイモやタマネギなど皮をむくのに手間がかかる素材を避けるなどの工程を見直すレシピ、家電の活用、つくりおきなどです。

家電は、「令和の三種の神器」と言いたくなるほど、時短家電が人気になります。二〇二〇年から新型コロナウイルスが世界中に広がって家にこもる生活が求められた折、台所の担い手の負担が重くなって、ヒット商品になったほどです。それは再びの電子レンジとホットプレート、そして電気鍋です。

電子レンジは、使い方がすっかり進化しました。電子レンジレシピを研究した村上祥子が二〇〇〇年代以降に続々とレシピ本を出したこと、二〇一一年にブログ人気から登場した料理家、山本ゆりが電子レンジを盛んに活用したことが大きいです。世代が異なるこの二人の研究により、電子レンジは最終工程まで使える家電になったのです。煮ものはもちろん、パスタやうどんすら、電子レンジに入れるだけで調理が完成、モノによっては食材を切る手間もほとんどいらない、とほとんどインスタント食品と言えるレベルなのです。

電子レンジ調理を成功させる秘訣は、レシピ通りの順番で素材を耐熱容器に入れること、ラップをぴっちりかけずにすき間を空けること、規定のワット数を守り、最後に混ぜることです。調理時間は、電子レンジのクセによって調整する必要があります。それから、三人分以上については鍋の調理のほうが速い、という問題があります。それでもヒットしたのは、シングルや二人暮らしなどの少人数家族がふえたこと、家族の生活時間がバラけ、調理したいのは一人か二人分という場合が少なからずあることが要因です。

ホットプレートはコロナ禍でよく売れた家電で、ライフスタイルの変化も影響しています。こちらは逆に、家族が何人もいる家庭で重宝されました。一度に大量の食材を炒めたり焼いたりするとき、ホットプレートなら十分に広げられるのでラクですし、食卓で調理しながら食べるのはイベント感があって家族にも歓迎されます。また、熱々で食べるのが好きな日本人好みです。調理の途中で食卓に出せるので、台所の担い手にとっては時短になります。ホットプレートも、従来は焼き肉やお好み焼きなど、限られた料理にしか使われてこなかった家電ですが、二〇一四年に『ホットプレート黄金レシピ』（かめ代、イカロス出版）が発売され、コロナ禍でもいくつかレシピ本が出て、実はさまざまな料理をつくれることが判明しました。

電気鍋は、シャープが二〇一五年に「ヘルシオ　ホットクック」を出したのを皮切りに各社が製造し始めました。人気経済評論家の勝間和代が推奨したこともあって話題を集め、コロナ禍で大ヒットしました。この家電の魅力は、何と言っても材料を入れるだけで調理してくれること。朝セットしておけば、夕食時には煮込みやスープができている、初心者でも味がしみ込んだおいしい料理がつくれるといったところです。二〇一六年に放送されてヒットした連続ドラマ『逃げるは恥だが役に立つ』（ＴＢＳ系）でも、二〇二一年に放送されたスペシャル版で子どもができた主人公の夫が活用し、自分の父親にすすめる場面がありました。

このほか、炊飯器で調理するレシピも流行しました。こちらは、台湾で独自の進化をした炊飯器の電鍋が、台湾ファンを中心に流行したことも影響しているかもしれません。台湾の電鍋は、二段重ねでスチームプレートを入れて、下でご飯を炊き、上で肉や野菜を蒸すという一石二鳥の使われ方をしており、これが便利だから台湾では電子レンジがあまり普及していないほどになっています。

家電を駆使する時短レシピはしかし、きちんと手順や分量を守らないとつくれないモノも多いため、もしかすると多くの経験が浅い台所の担い手が、レシピを頼りに料理するようになった時代の反映かもしれません。インターネット時代になって、クックパッドなどのレシピ投稿サイトやクラシルなどのレシピ動画サイト、ユーチューブ、ブ

電鍋（大同日本提供）

ログ、インスタグラムとさまざまなインターネットメディアを通じて、レシピを発信する人がふえました。無料で気軽にレシピを見つけることができるため、自分で適当に料理するのではなく、レシピ通りに正しくつくらなければいけない、アレンジして失敗したくない、という人は逆にふえたのではないでしょうか。

料理家たちも、SNSなどで腕を磨いてレシピ本を出す、テレビに出るなどする人たちがずいぶんふえました。彼らは、双方向メディアであるSNSの活用で、読者が何を求めているのかよく知っています。時短レシピ隆盛の陰には、こうした時短ニーズに応えようと情報を発信し続ける料理家たちがいます。彼らには、応用を恐れ過ぎる読者に、素材を置き替えてもいいと伝えるなど、アレンジを推奨している人たちもいます。

つくりおきも人気の時短術です。三ドア冷蔵庫が普及した昭和後期もフリージングが流行しましたが、こちらも今は研究の積み重ねで進化しています。例えば昭和後期は、冷凍によって繊維が壊れ味が落ちるジャガイモは冷凍できないとされていましたが、今はマッシュポテトにすれば大丈夫など、新しい技術も出てきています。また、繊維が壊れることを活用し、肉に下味をつけて冷凍しておけば、煮る時間を短縮できる利点を発信する料理家もいます。常備菜はもともと忙しい主婦がつくってきたジャンルですが、冷凍や冷蔵ができるようになり、また現代のグルメな台所の担い手のため、タイのサラダのソムタムといった外国料理も含めて、実にたくさんの常備菜レシピが提案されています。

キッチンが狭過ぎる!

電子レンジが少人数家族に向いていることは、狭いキッチンを使わざるを得ない少人数家族の助けになっていると思います。というのは、賃貸住宅を中心に極小のキッチンを使う人がたくさんいるからです。

戦前も庶民には、調理台スペースがほとんどないキッチンを使う人が大勢いました。都会では総菜の振り売りなどが行われてきましたが、それはキッチンがたくさんの料理をつくるのに向いていなかったこともあるのではないでしょうか。

一九七七(昭和五二)年に早稲田でワンルームマンション第一号が建ってから、都会に出てきた若者が暮らす部屋はまかないつきの下宿から、キッチンつきのワンルームマンションへとシフトしていきました。

二〇世紀後半は特に、誰もが結婚するだろうと思われていましたし、結婚したらまず二部屋程度の小さな部屋で所帯を持ち、広めの分譲マンションを買い、その後お金を貯めて家を建てるという住宅すごろくが信じられていました。今でもその幻想を抱く人は少なくありませんが、所得が伸び悩む時代になり、若い世代ほど、一戸建てが終《つい》の棲家になるどころか、持ち家がゴールでない人たちが一般的になりつつあります。

また、国は経済発展につながるとして、戦後はより所得が高い人たちを支援する持ち家政策に力を入れ、平成以降に住宅は足りた、と低所得者を助ける公共住宅事業を縮小させて建築業界を助けてきました。その結果、格差はさらに広がることになりました。特に賃貸住宅は一人暮らしの場合数年間で、その間の食事は外で調達するだろうと思われ、二人以上の場合もいずれマンションや一戸建てを所有するだろう、という前提でつくられた五〇～六〇平方メートル程度の狭めの部屋が圧倒的多数です。

狭い住宅に住む人たちには、十分な調理スペースを持つキッチンが手に入りにくい。家で料理をあまりしない人たちは平気かもしれませんが、毎日料理をしたい人には、コンロが少ない、調理台スペースが足りない、食材などのストックや鍋、家電などを置くスペースが足りない、と困っている人がたくさんいます。

一人暮らし用の部屋は、そもそも調理台スペースがないキッチン、コンロは一口しかない、二口あるが縦置きで使いにくい、調理道具をしまうスペースがない、食材置き場もないといった、およそ料理する生活を想定していないのではないか、と思われる部屋が本当にたくさんあります。最近では、二人以上世帯を想定したマンションでも、コンロが斜め置きの二口など驚くほど小さなキッチンを入れた物件が出回っています。

狭いキッチンで役に立つのが、電子レンジです。コンロが一口しかなくても、電子レンジで完成する料理があれば、コンロはほかの料理をつくる、湯を沸かすだけですみます。湯はポットで沸かしてもいい。あるいはフライパン一つでパスタをつくるレシピも今はありますから、パスタをゆでる鍋とソースを炒める鍋を別にする必要もありません。最近は、料理家の中にも一人暮らしの人や男性がいますから、そうした人たちの知恵を借りれば、一人暮らしの男性でも自分に合った方法で自炊ができます。

一九九〇年代から男性が料理するテレビ番組やCMが登場し、二〇〇〇年代に入ってからも『男子ごはん』（テレビ東京系）などの男性向け料理番組が出てきました。中学や高校の家庭科も男女共修になりましたし、一昔前と違って料理をするのは女性だけと考えない男性もふえています。しかしこれまではレシピのほとんどが、家族のために女性がつくる

『男子ごはんの本その15』国分太一・栗原心平著（MCO発行、KADOKAWA発売）

ことを想定していましたので、使いにくいと感じていた男性は多かったのではないでしょうか。そうした人たちに向けて、男性のユーチューバーによるレシピなどが続々とヒットを飛ばしています。

一人暮らしの場合も、家族で暮らすのとは異なる料理の知恵が必要です。食材が多過ぎると使い切れませんし、かといって極端にシンプルにすると栄養が偏ってしまいます。そうした人たちに向けたレシピを発信する料理家もいます。また、夫を亡くした栗原はるみが、新聞のインタビューで今、一人暮らし用のレシピを考案中だと話していました。一人暮らしのシニアも、料理がおっくうになった、食べる量が少なく栄養不足になりがちなどの問題を抱えています。宅配サービスもありますが、割高なこともあり利用しづらいと感じている人は多いようです。

レシピが進化した今、必要なのは時短術だけではありません。さまざまなライフスタイルの人が自分に合った知恵を求めています。そうした人たちが自分で自分の生活や健康を守れるレシピは、これからも発信されていくでしょう。食は健康を支え、暮らしの豊かさも守る役割を果たしています。次々に流行する料理も結局は、人生をより豊かにするものと言えます。食のトレンドが映すのは、私たちの営みが社会の大きな潮流に支えられていることです。そしてその潮流をつくり出しているのも、私たちなのです。

食と社会の年表

A delicious history of modern Japanese food trends.

【凡例】
「▪」は食に関する主な出来事、それ以外は社会の主な出来事を表す

江戸時代

一八五三（嘉永六）年
ペリー、プチャーチン来航

一八五四（嘉永七）年
日米和親条約調印
▪キッコーマンがウスターソースを製造するも、すぐに撤退

一八五八（安政五）年
日米修好通商条約調印、安政の五カ国条約調印

一八五九（安政六）年
横浜（神奈川）、長崎、箱館（現函館）開港

一八六〇（万延元）年
桜田門外の変、遣米使節出発
▪横浜でアイスラー&マーティンデル商会が食肉業を開始
▪横浜で日本初のホテル「横浜ホテル」開業
▪内海兵吉が日本初のパン屋開業、のちに「富田屋」となる

一八六二（文久二）年
生麦事件

一八六三（文久三）年
薩英戦争
▪横浜・鶴見で、畑仲次郎が日本初の洋野菜となるキャベツの栽培開始

一八六四（元治元）年
池田屋事件

一八六五（慶応元）年
▪横浜北方村で日本初の公設屠牛場設立

一八六六（慶応二）年
薩長同盟

一八六七（慶応三）年
大政奉還
▪東京・泉岳寺で屠畜場と牛肉店「中川屋」開業

明治時代

一八六八（明治元）年
神戸開港（開港時は慶応四年）
明治維新、戊辰戦争勃発
・「凮月堂」が戊辰戦争で薩摩藩にビスケットを納入
・築地に「築地ホテル館」開業
・横浜に牛鍋屋「太田なわのれん」、東京・新橋に「中川」開業

一八六九（明治二）年
・明治政府が牛馬会社を設立して牛肉処理場を開始、私設屠場を廃止
・「銀座木村屋」開業

一八七〇（明治三）年
・横浜でビール工場、スプリングバレー・ブルワリー開業
・神戸で「オリエンタルホテル」開業

一八七一（明治四）年
廃藩置県
身分制改革で四民平等に
岩倉使節団、欧米へ出発
日清修好条規
・明治天皇、肉食再開宣言
・札幌で本格的にタマネギ栽培開始
・『安愚楽鍋　牛店雑談』刊行

一八七二（明治五）年
新橋―横浜間で鉄道開通
富岡製糸場が開業
・「築地精養軒」開業
・築地ホテル館、築地精養軒焼失
・銀座で「米津凮月堂」（現東京凮月堂）がのれん分け開業
・『西洋料理通』（万笈閣）、『西洋料理指南』（雁金書屋）刊行

一八七四（明治七）年
自由民権運動始まる
・築地にフランスパンの店「チャリ舎」開業

一八七五（明治八）年
・明治天皇、あんパンを食べる

一八七六（明治九）年
日朝修好条規で朝鮮を開国させる
・「上野精養軒」開業

一八七七（明治一〇）年
西南戦争
・「米津凮月堂」でカレー登場

一八七九（明治一二）年
琉球処分、沖縄県を設置

一八八一（明治一四）年
板垣退助を総理（党首）とする自由党結成

一八八三（明治一六）年
・名古屋コーチン誕生
・ヤマサ醤油がウスターソースを製造するも一年後に撤退

一八八六（明治一九）年
学校令公布、小学校・中学校・師範学校・帝国大学などからなる学校体系が整備

一八八七（明治二〇）年

外国人に国内を開放する内地雑居開始

一八八八（明治二一）**年**
・東京・江戸川橋で「関口フランスパン」開業
・横浜・元町で「ウチキパン」開業

一八八九（明治二二）**年**
大日本帝国憲法発布

一八九〇（明治二三）**年**
第一回帝国議会招集

一八九一（明治二四）**年**
足尾鉱毒事件発生

一八九四（明治二七）**年**
日清戦争勃発
・大阪で、越後屋産業（現ハグルマ）がウスターソースの製造開始

一八九五（明治二八）**年**
日清戦争終結、台湾を植民地とする
・「銀座煉瓦亭」開業

一八九六（明治二九）**年**
・横浜「清水屋」が初の国産トマトケチャップを発売

一八九七（明治三〇）**年**
大韓帝国成立
北九州に官営八幡製鉄所設立

一八九九（明治三二）**年**
高等女学校令公布
・銀座煉瓦亭でとんかつの原型誕生

一九〇〇（明治三三）**年**
・銀座木村屋でジャムパン誕生

一九〇一（明治三四）**年**
・東京・本郷で「中村屋」開業

一九〇二（明治三五）**年**
日英同盟締結

一九〇三（明治三六）**年**
・蟹江一太郎がトマトソースの製造を開始、のちに「カゴメ」となる
・東京・日本橋の白木屋が食堂を併設

一九〇四（明治三七）**年**
日露戦争勃発
・三越呉服店がデパートメントストア宣言
・「新宿中村屋」でクリームパン誕生

一九〇五（明治三八）**年**
日露戦争終結
・博多で「水月」が水炊きを開発
・大阪で、大和屋（現ハチ食品）が初の国産カレー粉発売

一九〇六（明治三九）**年**
大連に半官半民の南満洲鉄道株式会社設立

一九一〇（明治四三）**年**
韓国併合
大逆事件

一九一一（明治四四）**年**
清国で辛亥革命
・銀座で「カフェー・プランタン」「カフ

エーパウリスタ」「カフェー・ライオン」開業

大正時代

一九一二（大正元）年
中華民国成立

一九一三（大正二）年
・『料理の友』（大日本料理研究会）創刊
・京都でパン屋「進々堂」開業

一九一四（大正三）年
第一次世界大戦勃発

一九一七（大正六）年
ロシア革命
・『主婦之友』（主婦之友社、現『主婦の友』（主婦の友社））創刊
・「コロッケの唄」流行

一九一八（大正七）年
第一次世界大戦終結、シベリア出兵
米騒動

一九二〇（大正九）年
国際連盟発足

一九二三（大正一二）年
関東大震災
・エスビー食品が国産カレー粉発売

一九二四（大正一三）年
・東京・神田で「須田町食堂」（現聚楽）開業

一九二五（大正一四）年
成人男性が二五歳以上で選挙権・二〇歳以上で被選挙権を持つ普通選挙法成立
日ソ国交樹立
治安維持法制定
ラジオ放送開始
・キユーピーが日本初のマヨネーズ発売

昭和時代

一九二七（昭和二）年
金融恐慌
・東京・深川の「名花堂」（現「カトレア」）でカレーパン誕生
・東京・東銀座で「チョウシ屋」開業、ポテトコロッケが人気に

一九二八（昭和三）年
・銀座で「資生堂パーラー」開業

一九二九（昭和四）年
世界恐慌
・大阪・梅田で阪急百貨店開業、食堂を併設

一九三〇（昭和五）年
・日本橋三越でお子さまランチ（御子様洋食）が誕生

一九三一（昭和六）年
北海道、東北の大凶作、農業恐慌に
満洲事変
初の民間航空専用の東京飛行場（羽田空港）開港
・資生堂パーラーにミートクロケット

が誕生

一九三二（昭和七）年

五・一五事件

関東軍が清朝最後の皇帝、溥儀を執政として満洲国建国を宣言

一九三三（昭和八）年

日本が国際連盟脱退を通告（一九三五年に発効）

ナチス政権誕生、ドイツが国際連盟脱退

一九三六（昭和一一）年

二・二六事件

スペイン内戦勃発

日独防共協定

・キッコーマンがウスターソース発売

一九三七（昭和一二）年

盧溝橋事件をきっかけに日中戦争に発展

日独伊三国防共協定

一九三八（昭和一三）年

国家総動員法制定

一九三九（昭和一四）年

ヨーロッパで第二次世界大戦勃発

兵庫・伊丹に大阪第二飛行場（大阪国際空港）開港

一九四一（昭和一六）年

日ソ中立条約

太平洋戦争開戦

一九四五（昭和二〇）年

第二次世界大戦終結、日本はGHQの統治下へ

国際連合発足

財閥解体、農地解放

女性参政権が認められる

一九四六（昭和二一）年

・大阪・難波で「食道園」開業

一九四七（昭和二二）年

日本国憲法施行

労働基準法、教育基本法制定

労働省（現厚生労働省）設置

・神戸で「ドンク」開業

一九四八（昭和二三）年

・広島で「タカキのパン」（現「アンデルセン」）開業

・千葉・市川で「山崎製パン」開業

・大阪・鶴橋で焼き肉店「鶴一」が蒸し豚屋として開業

一九四九（昭和二四）年

北大西洋条約機構（NATO）結成

理論物理学者の湯川秀樹が、日本人初のノーベル賞受賞

一九五〇（昭和二五）年

朝鮮戦争勃発

警察予備隊設置、一九五四年から自衛隊に

日本労働組合総評議会（総評）結成

住宅金融公庫法成立

一九五一（昭和二六）年

サンフランシスコ平和条約、日米安全保障条約（安保条約）調印

公営住宅法制定

一九五二（昭和二七）年

ヨーロッパ石炭鉄鋼共同体（ECSC）、のちのEU発足

日本が独立国に

IMF（国際通貨基金）加盟

一九五三（昭和二八）年

朝鮮戦争休戦

奄美群島返還
テレビの本放送開始

一九五四（昭和二九）**年**
・盛岡で、盛岡冷麺を開発した「食道園」開業

一九五五（昭和三〇）**年**
東側諸国のワルシャワ条約機構結成
GATT（関税及び貿易に関する一般協定）加盟
自由民主党結成、五五体制開始
神武景気から高度経済成長へ
日本住宅公団（現UR都市機構）誕生
第一次主婦論争勃発

一九五六（昭和三一）**年**
・東芝が初の電気炊飯器を発売
国際連合加入
日ソ国交正常化
日本住宅公団が団地の供給開始

一九五七（昭和三二）**年**
・『きょうの料理』（NHK）放送開始

一九五八（昭和三三）**年**
東京タワー完成
・日本住宅公団の晴海高層アパートにステンレスキッチン導入
・日清食品がインスタントラーメン「チキンラーメン」発売
・キユーピーが日本初のフレンチドレッシング発売

一九五九（昭和三四）**年**
・団地に換気扇が設置できるように

一九六〇（昭和三五）**年**
安保改定で六〇年安保闘争勃発
池田勇人首相の所得倍増計画

一九六一（昭和三六）**年**
農業基本法制定

一九六二（昭和三七）**年**
・マルシンフーズがチルドハンバーグ「マルシンハンバーグ」発売

一九六三（昭和三八）**年**
日本初の高速道路、名神高速道路開通
三八豪雪

一九六四（昭和三九）**年**
東海道新幹線開通
東京オリンピック開催

一九六五（昭和四〇）**年**
アメリカがベトナムで大規模な軍事介入、北爆開始
日韓基本条約締結
・コールドチェーン勧告
・松下電器産業（現パナソニック）が家庭用電子レンジ発売

一九六六（昭和四一）**年**
・野菜生産出荷安定法制定
・熱源を組み込んだガスオーブンが登場
・銀座で「マキシム・ド・パリ」開業

一九六八（昭和四三）**年**
小笠原諸島返還
日本が世界第二の経済大国へ
・エバラ食品が「焼き肉のたれ」発売
・大塚食品が世界初のレトルト食品「ボンカレー」発売

一九七〇（昭和四五）年
大阪で日本万国博覧会開催
ウーマン・リブ
・減反政策開始
・『an・an』（マガジンハウス）創刊
・東京・国立で「すかいらーく」一号店開業

一九七一（昭和四六）年
環境庁（現環境省）発足
・『non-no』（集英社）創刊
・銀座で「マクドナルド」一号店開業
・福岡・北九州で「ロイヤルホスト」一号店開業
・アメリカ・バークレーで「シェ・パニーズ」開業

一九七二（昭和四七）年
日中国交正常化
沖縄返還
・兵庫・芦屋でパン屋「ビゴの店」開業

一九七三（昭和四八）年
金本位制から変動相場制へ
第一次オイルショック
四大公害訴訟、被害者側の勝訴で終結
・シャープが三ドア冷蔵庫発売
・クリナップが初の国産システムキッチン発売
・『包丁人味平』が『週刊少年ジャンプ』（集英社）で連載開始

一九七四（昭和四九）年
大規模小売店舗法施行
・東京・豊洲でセブン-イレブン一号店開業
・渋谷で激辛カレーの「ボルツ」一号店開業

一九七五（昭和五〇）年
先進国首脳会議（サミット）開催
ベトナム戦争終結
山陽新幹線開通
既婚女性に占める専業主婦の割合が史上最高に
・『JJ』（光文社）創刊
・桃屋が「キムチの素」発売

一九七六（昭和五一）年
ロッキード事件、田中角栄総理大臣逮捕
・六本木で、焼肉店「叙々苑」開業

一九七七（昭和五二）年
早稲田でワンルームマンション登場
・三菱電機がオーブンレンジ発売

一九七八（昭和五三）年
千葉・成田で新東京国際空港開港

一九七九（昭和五四）年
アメリカ、スリーマイル原子力発電所事故
国連で女性差別撤廃条約採択
台湾が海外旅行自由化

一九八〇（昭和五五）年
モア・リポート
・シンポが無煙ロースター発売
・『小林カツ代のらくらくクッキング』（文化出版局）発売

一九八二（昭和五七）年
国連海洋法条約採択、二〇〇海里の排他的経済水

域が決まる
東北新幹線、上越新幹線開通
『妻たちの思秋期』（共同通信社）ベストセラーに
・東京・代々木にカンボジア料理店「アンコールワット」開業

一九八三（昭和五八）年
・『美味しんぼ』が『ビッグコミックスピリッツ』（小学館）で連載開始

一九八四（昭和五九）年
・湖池屋が「カラムーチョ」発売

一九八五（昭和六〇）年
プラザ合意
第三号被保険者制度発足
・厚生省（現厚生労働省）が一日三〇品目の摂取を呼びかける食生活指針発表
・ハウス食品工業（現ハウス食品）が電子レンジ対応加工食品「レンジグルメ」発売
・『オレンジページ』（オレンジページ）創刊
・『クッキングパパ』が『モーニング』（講談社）で連載開始
・伊丹十三監督映画『タンポポ』公開

一九八六（昭和六一）年
チェルノブイリ原発事故
男女雇用機会均等法、労働者派遣法施行
『深夜特急 第一便』（新潮社）刊行

一九八八（昭和六三）年
ソウルオリンピック開催
青函トンネル、瀬戸大橋開通
・『Ｈａｎａｋｏ』（マガジンハウス）創刊

平成時代

一九八九（平成元）年
冷戦終結
韓国が海外旅行を完全自由化
総評解散、日本労働組合総連合会（連合）へ
消費税（三パーセント）導入
リクルート事件
天安門事件

一九九〇（平成二）年
東西ドイツ統一
改正入国管理法施行
・『ｄａｎｃｙｕ』（プレジデント社）創刊
・『東京ウォーカー』（ＫＡＤＯＫＡＷＡ）創刊
・ティラミスブーム

一九九一（平成三）年
ソビエト連邦解体
湾岸戦争勃発
大規模小売店舗法改正
・牛肉・オレンジの輸入自由化決定

一九九二（平成四）年
・ロック・フィールドが総菜ブランド「ＲＦ１」立ち上げ
・大阪でスパイスカレー店「カシミール」開業
・『ごちそうさまが、ききたくて。』（文化出版局）刊行

一九九三（平成五）年
非自民の連立政権で日本新党の細川護熙が首相に、五五体制崩壊

バブル崩壊、平成不況が本格化
外国人技能実習制度が創設
■コメ市場の部分開放が始まる
■平成のコメ騒動
■『料理の鉄人』(フジテレビ系)放送開始(一九九九年まで)
■『おいしい関係』が『YOUNG YOU』(集英社)で連載開始
■なめらかプリンブーム

一九九四(平成六)年
小選挙区制開始
大阪・泉佐野で関西国際空港開港
携帯電話の売り切り制開始
■新横浜ラーメン博物館開業

一九九五(平成七)年
阪神・淡路大震災
地下鉄サリン事件
インターネット元年

一九九六(平成八)年
自民党が政権与党に返り咲く
■『きょうの料理』(NHK)で「20分で晩ごはん」シリーズ放送開始
■「ぐるなび」誕生

一九九七(平成九)年
イギリスから中国へ香港返還
京都議定書採択、温暖化ガス削減目標を定める
消費税を五パーセントへ引き上げ
北海道拓殖銀行、山一證券破綻
■辻口博啓、クープ・デュ・モンド・ドゥ・ラ・パティスリーで個人優勝
■パティシエブーム

一九九八(平成一〇)年
長野冬季オリンピック
日本債券信用銀行、日本長期信用銀行破綻

一九九九(平成一一)年
iモードなどで携帯電話がインターネットにつながる。カメラ付き携帯も登場
■キムチが漬けものの売り上げでナンバー1になる

二〇〇〇(平成一二)年
大規模小売店舗立地法が施行
■渋谷の東急百貨店東横店でデパ地下「東急フードショー」開業

二〇〇一(平成一三)年
アメリカ同時多発テロ事件(9・11事件)
アフガン戦争勃発
■品川でパン屋「メゾンカイザー」一号店開業、「PAUL」が東京進出

二〇〇二(平成一四)年
北朝鮮拉致被害者五人が帰国
日韓共催でサッカーワールドカップ開催
■東京メトロのフリーペーパー『メトロミニッツ』創刊

二〇〇三(平成一五)年
イラク戦争勃発
『冬のソナタ』(NHK・BS1)放送で、第一次韓流ブームが始まる
■「ディーン&デルーカ」日本上陸
■「自由が丘スイーツフォレスト」誕生
■渋谷でパン屋「VIRON」開業
■ドラマ『すいか』(日本テレビ系)放送

二〇〇四(平成一六)年

新潟県中越地震

二〇〇七（平成一九）**年**

・『きのう何食べた？』が『モーニング』（講談社）で連載開始

二〇〇八（平成二〇）**年**

リーマン・ブラザーズ破綻、リーマン・ショック

ツイッター、フェイスブックが日本語版開始

スマートフォンが日本で発売開始

・『男子ごはん』（テレビ東京系）放送開始

二〇〇九（平成二一）**年**

アメリカで初の黒人大統領、バラク・オバマ就任

民主党政権誕生

・青山ファーマーズマーケット開始

二〇一一（平成二三）**年**

東日本大震災、東京電力福島第一原子力発電所事故

二〇一二（平成二四）**年**

自民党、政権に返り咲く

東京スカイツリー開業

・『孤独のグルメ』（テレビ東京系）ファーストシーズン放送

二〇一三（平成二五）**年**

・和食がユネスコ無形文化遺産登録

・『東北食べる通信』（NPO法人東北開墾、現雨風太陽）創刊

・高級パンブーム

二〇一四（平成二六）**年**

消費税が八パーセントに増税

二〇一五（平成二七）**年**

・銀座の「マキシム・ド・パリ」閉店

・シャープが電気無水鍋「ヘルシオ ホットクック」発売

二〇一六（平成二八）**年**

マイナンバー制度の運用開始

熊本地震

・ドラマ『逃げるは恥だが役に立つ』（TBS系）放送

・パクチーブーム

二〇一七（平成二九）**年**

#MeToo運動

二〇一八（平成三〇）**年**

大阪府北部地震、北海道胆振東部地震、西日本豪雨

・大阪の阪神梅田本店でパンのセレクトショップ「パンワールド」開業

令和時代

二〇一九（令和元）**年**

過去最強クラスの台風一五号

消費税が一〇パーセントに増税

・タピオカミルクティーブーム

二〇二〇（令和二）**年**

新型コロナウイルスが世界中に広まる

二〇二一（令和三）**年**

・マリトッツォブーム

二〇二二（令和四）**年**

ロシアがウクライナに軍事侵攻

おわりに

駆け足で、食のトレンド史をご紹介してきました。幅広く食トレンドを紹介するため、一つ一つのテーマについては、かなりコンパクトにまとめています。「もっと知りたい」という方はぜひ、折々でご紹介した過去の著作にも手を伸ばしていただけるとうれしいです。引用した本にも、おもしろいモノがたくさんあります。

私が「生活史研究家」の肩書をつけて、食文化史について書いた最初の本は、自分の母への聞き取りを中心にした『うちのご飯の60年　祖母・母・娘の食卓』（筑摩書房、現在はキンドル版のみ）でした。一〇代の頃から食文化に興味を持って、いろいろな本を読み漁ってきましたが、こうしたジャンルを専門にするのは大学に所属する研究者ぐらいで、一般の人向けの記事を書くライターには無理、と思っていました。ところが、この本を書いたことで私は食文化の領域にズブリと足を踏み入れてしまい、「しまった。これでは食べていけない」と思ったことを覚えています。

何しろ、二〇〇九年当時のメディアには、食文化を発信できる場がほとんどなかったからです。そしてこの一冊で、幅広く奥が深い食文化について何でも語れる知識を得たわけではないことも、承知していました。こうなったら本をいくつも書いて実績を積むしかない、と腹をくくったのです。

ありがたいことに、平松洋子さんに朝日新聞で書評を書いていただき、インタビューもいくつか受けました。ＮＨＫラジオに最初に出演したのも、この本のインタビューでした。二月の早朝、雪が積もった渋谷の街を歩いて行ったことをよく覚えています。

その後は、食文化の本をコツコツとふやしてきました。幸い、いろいろな出版社の編集者の方々が、「料理研究家」「パン」「外食」「パクチー」とお題をくださったので、そのたびにほぼ一から資料を集め、必要に応じて取材をし、お品書き（コンテンツ）をふやし、食べていけるようになったのは、八年後でした。昔、私の敬愛する叔母が「一つのジャンルで、ちゃんとやっていけるようになるには八年かかる」と言ってくれたのですが、まさにぴったり八年です。

毎月の通帳の「－（マイナス）」におびえながら、生活費を切り詰め、なんとかかんとか書き溜め視野を広げていった結果が、ここにまとまっています。おかげで自分でも資料を買えるようになりましたが、視力が急落し続け、集まり過ぎた本のために引っ越しをくり返し、そのたびに嫌でも上がる家賃に苦しむ、という本がなければ仕事にならない自分を呪いたくなる生活が続いてきました。ミニマリストのスリムな生活も、流行りのコワーキングスペースの活用も、資料の山を背負った私には無理です。いつか私設図書館でもつくれたらいいですが、何しろ稼ぎは相変わらず追いつかないし東京の土地は高過ぎるので、夢は夢として置いておきましょう。

私生活はさておき、食の歴史とトレンドを、時代背景とともに何とか伝える力がついたことは何よりの喜びです。食と社会は切っても切れない、深くて広くて複雑な関係を築いていますが、どちらについても幅広い知識を持たなければ、その隠れた関係は見えてきません。もちろん、私もまだまだ修業中で、知らないことはたくさんあります。

一番よかったことは、食など暮らしに関わる文化の価値を少しでも世に伝えられることです。食や暮らしは、大文字の政治や経済に比べて軽視されがちですから。しかし政治や経済は、暮らしを回し、私たちが比喩ではなく食べるために生まれたものです。私は去年、『家事は大変って気づきましたか?』（亜紀書房）という、おそらく世界で初めて家事の位置づけや構造を解き明かす本をつくりました。食事の支度を含めた家事は、私たちが生きていくベースをつくる大切な役割を果たしていいます。家事や料理を軽んじている人ですらも、誰かが家事をして支えてくれているから今生きていられるのです。

だから、本作を読んだ方々が、暮らしと政治や経済との切っても切れない絆について少しでも考えてくださるとうれしいです。

この本を出そうと言ってくださったのは、青幻舎の至田玲子さんです。また、ラジオ講座のお仕事をくださったNHK文化センターの坂本桂さんおよび講座の内容をベースにした書籍の制作を了承してくださったNHK文化センター、NHKエデュケーショナルさまにもお礼を申し上げます。

また、この本につながる今までの本を出してくださった、あるいは記事を書かせてくださった編集者の方々、出版社さまにもお礼を言いたいです。これで一つの実りとし、次の段階へ進みたいと思います。いつも刺激や情報をくれる仲間たち、そして背後で支えてくれる夫の鳥原学に感謝しています。

阿古真理

主要参考文献

第一章

『日本外食全史』阿古真理、亜紀書房、二〇二一年
『拙者は食えん！　サムライ洋食事始』熊田忠雄、新潮社、二〇一一年
『やきとりと日本人』土田美登世、光文社新書、二〇一四年
『和食とはなにか』原田信男、角川ソフィア文庫、二〇一四年
『琉球の風水土』木崎甲子郎・目崎茂和編著、築地書館、一九八四年
『日本食物史』江原絢子・石川尚子・東四柳祥子、吉川弘文館、二〇〇九年
『戦国、まずい飯！』黒澤はゆま、集英社インターナショナル、二〇二〇年
『天丼　かつ丼　牛丼　うな丼　親子丼』飯野亮一、ちくま学芸文庫、二〇一九年
『オムライスの秘密　メロンパンの謎』澁川祐子、新潮文庫、二〇一七年
『居酒屋の誕生』飯野亮一、ちくま学芸文庫、二〇一四年
『御馳走帖』内田百閒、中公文庫、一九七九年
『武士の娘』杉本鉞子著、大岩美代訳、ちくま文庫、一九九四年
『横浜もののはじめ物語』斎藤多喜夫、有隣新書、二〇一七年
『朝日文左衛門の食卓』大下武、ゆいぽおと、二〇二一年
『名古屋コーチン作出物語』入谷哲夫、ブックショップ「マイタウン」、二〇〇〇年

『大阪食文化大全』浪速魚菜の会・笹井良隆編著、西日本出版社、二〇一〇年

第二章

『なぜ日本のフランスパンは世界一になったのか　パンと日本人の150年』阿古真理、NHK出版新書、二〇一六年
『ヨコハマ洋食文化事始め』草間俊郎、雄山閣、一九九九年
『横浜もののはじめ物語』斎藤多喜夫、有隣新書、二〇一七年
『パンの明治百年史』パンの明治百年史刊行会、一九七〇年
『「築地ホテル館」物語』永宮和、原書房、二〇二一年
『西洋料理人物語』中村雄昂、築地書館、一九八五年
『銀座木村屋あんパン物語』大山真人、平凡社新書、二〇〇一年
『長崎の西洋料理』越中哲也、第一法規出版、一九八二年
『新宿中村屋　相馬黒光』宇佐美承、集英社、一九九七年
『メロンパンの真実』東嶋和子、講談社文庫、二〇〇七年
『「食」の図書館　パンの歴史』ウィリアム・ルーベル著、堤理華訳、原書房、二〇一三年

第三章

『日本外食全史』阿古真理、亜紀書房、二〇二一年
『近代料理書の世界』江原絢子・東四柳祥子、ドメス出版、二〇〇八年
『御馳走帖』内田百閒、中公文庫、一九七九年
『ブルドックソース55年史』ブルドッグソース株式会社社史編集委員会編、ブルドックソース株式会社、一九八一年
『むかしの味』池波正太郎、新潮文庫、一九八八年
『神戸と洋食』江弘毅、神戸新聞総合出版センター、二〇一九年
『カレーライスの誕生』小菅桂子、講談社、二〇〇二年

『「食」を創造した男たち』島野盛郎、ダイヤモンド社、一九九五年
『オムライスの秘密　メロンパンの謎』澁川祐子、新潮文庫、二〇一七年
『東京・銀座　私の資生堂パーラー物語』菊川武幸、講談社、二〇〇二年
『にっぽん洋食物語大全』小菅桂子、ちくま文庫、二〇一七年
『温故知新で食べてみた』山本直味、主婦の友社、二〇一三年

第四章

『料理は女の義務ですか』阿古真理、新潮新書、二〇一七年

第五章

『「モノと女」の戦後史』天野正子・桜井厚、平凡社、二〇〇三年
『日本の食生活全集⑬聞き書　東京の食事』農文協、一九八八年
『日本の食生活全集㉗聞き書　大阪の食事』農文協、一九九一年
『台所から戦後が見える』朝日新聞学芸部、朝日新聞社、一九九五年

第六章

『日本外食全史』阿古真理、亜紀書房、二〇二一年
『チーズケーキ本』昭文社、二〇二〇年
『ファッションフード、あります。はやりの食べ物クロニクル１９７０－２０１０』畑中三応子、紀伊國屋書店、二〇一三年
『炎と食　日本人の食生活と火』大阪ガス　エネルギー・文化研究所、炎と食研究会編、ＫＢＩ出版、二〇〇〇年
『テレビ料理人列伝』河村明子、生活人白書、二〇〇三年
『フランス料理ハンドブック』辻調グループ辻静雄料理教育研究所編著、柴田書店、二〇一二年

第七章

『パクチーとアジア飯』阿古真理、中央公論新社、二〇一八年
『るきさん』高野文子、筑摩書房、一九九三年
『オオクボ　都市の力　多文化空間のダイナリズム』稲葉佳子、学芸出版社、二〇〇八年
『ファッションフード、あります。はやりの食べ物クロニクル１９７０－２０１０』畑中三応子、紀伊國屋書店、二〇一三年

第八章

『昭和の洋食　平成のカフェ飯　家庭料理の80年』阿古真理、ちくま文庫、二〇一七年
『日本一の「デパ地下」を作った男　三枝輝行 ナニワの逆転戦略』巽尚之、集英社インターナショナル発行、集英社発売、二〇一八年

第九章

『日本イタリア料理事始め――堀川春子の90年』土田美登世、小学館、二〇〇九年
『日本のグラン・シェフ』榊芳生、オータパブリケイションズ、二〇〇四年
『ファッションフード、あります。はやりの食べ物クロニクル１９７０－２０１０』畑中三応子、紀伊國屋書店、二〇一三年
『銀座Ｈａｎａｋｏ物語』椎根和、紀伊國屋書店、二〇一四年
『増補改訂版　西洋菓子彷徨始末　洋菓子の日本史』吉田菊次郎、朝文社、二〇〇六年
『『自由が丘』ブランド』岡田一弥・阿古真理、産業能率大学出版部、二〇一六年
『メイキング・オブ・新横浜ラーメン博物館』グラフィクス　アンド　デザイニング企画・編集、みくに出版、一九九五年

第一〇章

『なぜ日本のフランスパンは世界一になったのか　パンと日本人の１５０年』阿古真理、ＮＨＫ出版新書、二〇一六年
『アンデルセン物語』一志治夫、新潮社、二〇一三年

『ドンクが語る美味しいパン　１００の誕生物語』ブーランジュリードンク監修、松成容子著、旭屋出版、二〇〇五年

第一一章

『日本外食全史』阿古真理、亜紀書房、二〇二一年
『盛岡冷麺物語』小西正人、リエゾンパブリッシング、二〇〇七年
『「移民列島」ニッポン　多文化共生社会に生きる』藤巻秀樹、藤原書店、二〇一二年
『大阪「鶴橋」物語　ごった煮商店街の戦後史』藤田綾子、現代書館、二〇〇五年
『オオクボ　都市の力　多文化空間のダイナミズム』稲葉佳子、学芸出版社、二〇〇八年

第一二章

『日本外食全史』阿古真理、亜紀書房、二〇二一年
『昭和の洋食　平成のカフェ飯　家庭料理の80年』阿古真理、ちくま文庫、二〇一七年
『グルメ漫画50年史』杉村啓、星海社新書、二〇一七年

第一三章

『ラクしておいしい令和のごはん革命』阿古真理、主婦の友社、二〇二一年

食と社会の年表

『詳説日本史』笹山晴生・佐藤信・五味文彦・高埜利彦ほか著、山川出版社、二〇一六年
『ブルドックソース55年史』ブルドッグソース株式会社社史編集委員会編、ブルドックソース株式会社、一九八一年
『横浜もののはじめ物語』斎藤多喜夫、有隣新書、二〇一七年
『とんかつの誕生』岡田哲、講談社選書メチエ、二〇〇〇年
『「築地ホテル館」物語』永宮和、原書房、二〇二一年

『天丼　かつ丼　牛丼　うな丼　親子丼』飯野亮一、ちくま学芸文庫、二〇一九年
『カレーライスの誕生』小菅桂子、講談社選書メチエ、二〇〇二年
『なぜ日本のフランスパンは世界一になったのか　パンと日本人の１５０年』阿古真理、ＮＨＫ出版新書、二〇一六年
『名古屋コーチン作出物語』入谷哲夫、ブックショップ「マイタウン」、二〇〇〇年
『オムライスの秘密　メロンパンの謎』澁川祐子、新潮文庫、二〇一七年
『百貨店の誕生』初田亨、三省堂選書、一九九三年
『銀座カフェー興亡史』野口孝一、平凡社、二〇一八年
『東京・銀座　私の資生堂パーラー物語』菊川武幸、講談社、二〇〇二年
『大阪「鶴橋」物語　ごった煮商店街の戦後史』藤田綾子、現代書館、二〇〇五年
『詳説世界史』大村靖二・佐藤次高・岸本美緒ほか、山川出版社、二〇一六年
『盛岡冷麺物語』小西正人、リエゾンパブリッシング、二〇〇七年
『台所から戦後が見える』朝日新聞学芸部、朝日新聞社、一九九五年
『炎と食　日本人の食生活と火』大阪ガスエネルギー・文化研究所、炎と食研究会編、ＫＢＩ出版、二〇〇〇年
『パクチーとアジア飯』阿古真理、中央公論新社、二〇一八年

●本書は、二〇二二年九～一一月にNHK文化センターで行われた講座「食の流行から見る暮らしの近現代史」(同年一〇～一二月にNHKラジオ第二放送『カルチャーラジオ　歴史再発見』で同名にて放送)の内容を元に、加筆修正して書籍化したものです。

●阿古真理(あこ・まり)＝作家、生活史研究家。くらし文化研究所主宰。一九六八年、兵庫県出身。食や暮らし、ジェンダー問題等をテーマに執筆。著書に『小林カツ代と栗原はるみ』(新潮新書)、『日本外食全史』『家事は大変って気づきましたか?』(ともに亜紀書房)、『昭和の洋食　平成のカフェ飯』(ちくま文庫)など多数。二〇二三年、第七回食生活ジャーナリスト大賞ジャーナリズム部門受賞。

●おいしい食の流行史　●著者＝阿古真理　●発行者＝片山誠　●発行所＝株式会社青幻舎　京都市中京区梅忠町9－1　〒604－8136　電話＝075－252－6766　FAX＝075－252－6770　https://www.seigensha.com　●編集＝至田玲子（青幻舎）　●印刷・製本＝株式会社 シナノ パブリッシング プレス

●ISBN978-4-86152-923-8　C0021

2023年9月6日　初版発行